Roth · Rupp

Formaldehyd

Eigenschaften · Vorkommen · Verwendung · Ökotoxizität · Toxikologie · Therapie · Vorschriften · Umgang

2. Auflage

ecomed
SICHERHEIT

Bibliografische Informationen der Deutschen Nationalbibliothek

Die Deutsche Nationalbibliothek verzeichnet diese Publikation in der Deutschen Nationalbibliografie; detaillierte bibliografische Daten sind im Internet über http://www.dnb.de abrufbar.

Bei der Herstellung des Werkes haben wir uns zukunftsbewusst für umweltverträgliche und wiederverwertbare Materialien entschieden. Der Inhalt ist auf chlorfrei gebleichtes Papier gedruckt.

ISBN 978-3-609-65047-0

E-Mail: kundenservice@ecomed-storck.de

Telefon: 089/2183-7922
Telefax: 089/2183-7620

www.ecomed-storck.de

Druck: CPI books GmbH, Leck

Vorwort

Formaldehyd ist ein stechend riechendes, stark reizendes Gas, das in der Atmosphäre und in pflanzlichen und tierischen Organismen natürlich vorkommt, das aufgrund seiner Reaktionsfähigkeit aber auch in vielen Bereichen Verwendung findet, sei es als Desinfektionsmittel in der Medizin, als Zusatzstoff in Kosmetik-, Haushalts- und Reinigungsmitteln oder als Ausgangsprodukt für viele Chemikalien. In der Industrie wird es zur Herstellung verschiedener Kondensationsprodukte mit Harnstoff, Melamin und Phenol sowie von Leim- und Tränkharzen verwendet, die in der Produktion von Spanplatten und in der Textilindustrie eingesetzt werden. Allein in Europa werden jährlich 7 Millionen Tonnen Formaldehyd produziert.

Die gesundheitsgefährdenden Eigenschaften des Formaldehyds geben seit Beginn der achtziger Jahre Anlass zu Diskussionen, ausgelöst durch hohe Innenraumluftkonzentrationen von Formaldehyd, der vor allem aus Holzwerkstoffen wie Spanplatten und Möbeln ausgast. In der Folgezeit wurden zahlreiche Untersuchungen der Formaldehyd-Konzentrationen in Innenräumen und der damit verbundenen Gesundheitsgefährdungen durchgeführt, wobei sich das Interesse auf die krebsauslösende Wirkung des Formaldehyds konzentrierte. Heute stehen vor allem das Vorkommen von Formaldehyd in der Atmosphäre und seine Rolle beim Abbau organischer Luftschadstoffe im Mittelpunkt des wissenschaftlichen Interesses.

Seine Toxizität und seine weite Verbreitung haben zu einer Vielzahl von Vorschriften geführt, mit denen der Umgang mit Formaldehyd geregelt und der Schutz gegen Formaldehyd gewährleistet werden sollen.

Diese Themen stehen im Mittelpunkt der vorliegenden Broschüre. Außerdem werden die Eigenschaften und die Verwendung von Formaldehyd beschrieben und die Vorschriften übersichtlich zusammengefasst. Hinweise zum sicheren Umgang mit Formaldehyd und zur Therapie von Vergiftungen bei Unfällen runden die Informationen ab.

Dr. L. Roth, Dr. G. Rupp — Karlsruhe, im März 2019

Inhalt

1 Stoffeigenschaften, Verwendung und Vorkommen

Synonyme:	Methanal, Ameisensäurealdehyd, Methylenoxid, Oxomethan
Lösungen:	Formalin, Formol, Formylhydrat u. a.
Formel:	$H_2C{=}O$
Molekülmasse:	30,03
CAS-Nr.:	50-00-0
EG-Nr.:	200-001-8
Index-Nr.:	605-001-00-5

Umrechnungsfaktor bei 1013 mbar/20 °C:

1 ml/m³ (1 ppm) = 1,248 mg/m³
1 mg/m³ = 0,801 ml/m³ (0,801 ppm)

1.1 Chemische und physikalische Eigenschaften

Formaldehyd ist bei Raumtemperatur ein farbloses, extrem entzündbares, stechend riechendes Gas, dessen Geruch noch in Konzentrationen unter 0,1 ppm wahrnehmbar ist. Die Dämpfe sind nur wenig schwerer als Luft und brennbar. Mit Luft bildet das Gas explosionsfähige Mischungen, die bei einem Gehalt von 65-70 Vol% Formaldehyd besonders zündfähig sind. Formaldehyd zerfällt bei Temperaturen oberhalb 150 °C vorwiegend in Kohlenmonoxid und Methanol, über 350 °C in Kohlenmonoxid und Wasserstoff. Formaldehyd ist leicht löslich in Wasser, Alkoholen und anderen polaren Lösungsmitteln. Er liegt in wässriger Lösung weitgehend als Hydrat, $HOCH_2OH$, oder in Form von oligomeren Oxymethylenglykolen vor. Wässrige Lösungen altern und neigen mit abnehmender Temperatur und/oder steigender Konzentration zur Ausscheidung von

Paraformaldehyd. Mit zunehmender Temperatur erhöht sich die Bildung von Ameisensäure.

Die als Formalin bezeichnete 37 bis 40 %ige Lösung enthält ca. 5-15 % Methanol als Polymerisationsinhibitor. Stört Methanol bei der Weiterverarbeitung, können stattdessen deutlich geringere Mengen anderer Substanzen (wie z. B. einige hundert ppm Isophthalobisguanamin bzw. Benzoguanamin) als Stabilisator zugesetzt werden. Die chemische Industrie verwendet auch nicht stabilisierte Lösungen oder verschiedene Formaldehyd-Polymerisate (Paraformaldehyd, Trioxan, Tetroxan), aus denen durch Wärme- und/oder Säurebehandlung reiner Formaldehyd freigesetzt werden kann.

Paraformaldehyd ist eine farblose, kristalline Substanz mit dem Geruch des monomeren Formaldehyds. Er enthält eine Mischung von kurzkettigen, linearen Poly(oxymethylen)glykolen (n = 8 bis 100, mittlere molare Masse = 600) und entsteht beim Eindampfen von Formaldehyd-Lösungen im Vakuum. Außer kettenförmigen Polymeren existiert ein cyclisches

Tabelle 1: Kenndaten [1]

	Formaldehyd, wasserfrei	**Formaldehyd, 37 %ige wässrige Lösung**
Erscheinungsbild	farbloses, stechend riechendes Gas	klare, farblose Lösung
Festpunkt	-92 °C	< -15 °C
Siedepunkt	-19,1 °C	95-99 °C
Dichte	0,815 g/cm³ (-20 °C)	1,085 g/cm³ (20 °C)
Rel. Gasdichte (Luft=1)	1,03-1,0674	–
Dampfdruck	4378-4420 hPa (20 °C)	2 hPa (20 °C)
Explosionsgrenzen	7-73 Vol %	–
Zündtemperatur	420 °C	420 °C
Flammpunkt	–	50-85 °C *)
Löslichkeit in Wasser	vollständig (550 g/l)	–
Geruchsschwelle	0,05–1,0 ppm	0,05–1,0 ppm

*) Der Flammpunkt fällt mit steigender Methanolkonzentration. Wässrige Lösungen mit weniger als 10 % Methanol sind nicht entzündbar.

Trimeres, 1,3,5-Trioxan, das sich aus Formaldehyd-Dampf in Nadeln abscheidet. Es ist in Wasser und organischen Lösungsmitteln leicht löslich und zeigt keine reduzierenden Eigenschaften.

1.2 Chemische Reaktionen

Das chemische Verhalten von Formaldehyd wird vorwiegend durch die Reaktionsfähigkeit der Carbonylgruppe bestimmt. Reiner und gelöster Formaldehyd neigt zu vielen Anlagerungs-, Kondensations-, Redox- und Polymersiationsreaktionen [6]. Er gibt die üblichen Aldehydreaktionen, unterscheidet sich aber von den höheren aliphatischen Aldehyden durch einige spezielle Umsetzungen.

Additionsreaktionen

Hier ist vor allem die Bildung von in Wasser schwerlöslichen Formaldehyd-Natriumhydrogensulfit-Addukten sowie von Formaldehyd-Sulfoxylaten von Bedeutung. Durch Erwärmen der Hydrogensulfit-Verbindungen mit verdünnten Säuren oder mit Natriumcarbonat lässt sich Formaldehyd regenerieren, was zur Abtrennung und Reinigung genutzt wird. Ein anderes Additionsprodukt ist das Natriumsalz der Hydroxymethansulfinsäure (Rongalit®), das aus Formaldehyd und Natriumdithionit gebildet wird. Es wird als Reduktionsmittel für verschiedene Anwendungsbereiche, z. B. für die Emulsionspolymerisation und die Textilbleiche, verwendet. Weitere Beispiele für wichtige Umsetzungen sind die Reaktionen mit Blausäure zu dem entsprechenden Cyanhydrin oder mit Grignard-Verbindungen (z. B. Tischtschenko-Reaktion) zu den primären Alkoholen, die Aldol-Addition (z. B. mit Acetaldehyd zu Pentaerythrit, einem wichtigen Rohstoff für Lacke und Sicherheitssprengstoffe wie „NITROPENTA“), die Formal-Bildung mit Alkoholen und Cellulose, die Addition an Olefine und Aromaten (z. B. Prins-Reaktion oder Chlormethylierung, Blanc-Reaktion) sowie die Umsetzung mit Cyanessigestern zu den Cyanacrylaten (Sekundenkleber).

Kondensationsreaktionen

Die Reaktion von Formaldehyd mit Aminogruppen führt zu den Schiffschen Basen bzw. den Mannich-Basen. Aus der Reaktion mit Ammoniak entsteht beispielsweise Hexamethylentetramin (Urotropin), ein Grundstoff für Sicherheitssprengstoffe („Hexogen"). Die Reaktion von Formaldehyd mit Thiazolderivaten führt über eine Acyloin-Kondensation zu Monosacchariden (Formoin-Reaktion). Mit Harnstoff oder Melamin reagiert Formaldehyd zu vielfältigen Aminoplast-Additions- und -Kondensationsprodukten, mit Phenolen entstehen Resole und Phenoplaste, mit Phenol- und Naphthalinsulfonsäuren kondensiert er zu synthetischen Gerbstoffen (Neradole).

Redoxreaktionen

Formaldehyd zeigt die für die Aldehyde typischen reduzierenden Eigenschaften, z. B. die Reduktion von Metallsalz-Lösungen (Aldehydnachweis mit Fehlingscher Lösung oder als Silberspiegel aus ammoniakalischer Silbernitrat-Lösung). Mit starken Oxidationsmitteln wie Sauerstoff, Kaliumdichromat oder -permanganat erfolgt Oxidation zu Ameisensäure. Wasserstoff reduziert Formaldehyd zu Methanol. In Gegenwart starker Laugen erfolgt die Canizzarro-Reaktion. Die Oligomeren 1,3,5-Trioxan und 1,3,5,7-Tetroxocan (Tetraoxyethylen) zeigen keine typischen Aldehydreaktionen.

Bei Einwirkung von Alkalihydroxiden oder Säuren tritt eine Disproportionierung in Methanol und Ameisensäure ein, in Gegenwart von Calciumhydroxid bzw. starken Alkalien wird Formaldehyd in ein Gemisch von Zuckern, insbesondere Hexosen, umgewandelt.

Gefährliche Reaktionen

Reaktionen mit Formaldehyd können sehr heftig, z. T. explosionsartig ablaufen. In der Literatur [2] sind gefährliche Reaktionen mit folgenden Stoffen beschrieben:

- Alkalien: heftige Polykondensation
- Luft: Explosionsgefahr mit Formaldehyd-Dampf
- Nitromethan: Explosionsgefahr
- starke Oxidationsmittel wie Perameisensäure oder H_2O_2: Explosionsgefahr
- Phenol: explosiv verlaufende Polymerisation

- Salzsäure: Bildung von Bis(chlormethyl)ether (1,1‘-Dichlordimethylether), einem der stärksten Inhalationsgifte, das erfahrungsgemäß beim Menschen auch bösartige Tumoren verursachen kann
- Salpetersäure: exotherme, möglicherweise explosionsartig verlaufende Reaktion zu Ameisensäure und Stickoxiden
- Stickstoffdioxid: die langsame Reaktion beschleunigt sich im Bereich von 180 °C und wird explosiv.

Monomerer Formaldehyd kann äußerst rasch in stark exothermer Reaktion polymerisieren (Entzündungsgefahr!). Als Polymerisationsinitiatoren wirken schon kleinste Mengen an Verunreinigungen.

1.3 Herstellung

Die erstmalige Herstellung gelang im Jahre 1859 A. M. Butlerov durch Erhitzen von polymerem Formaldehyd, der durch Hydrolyse von Methylendiacetat entstanden war. Struktur und Identität wurden erst 1868 durch A. W. von Hofmann aufgeklärt. Heutzutage erfolgt die Synthese großtechnisch durch Oxidation von Methanol an Metall- oder Metalloxid-Katalysatoren (Silber: BASF-Verfahren, Silberkontakt-Verfahren; Eisenoxid/Molybdänoxid: FORMOX-Verfahren). Es entstehen 30-40 %ige wässrige Lösungen, die das zur Stabilisierung benötigte Methanol bereits enthalten. Im Labormaßstab erhält man Formaldehyd durch Oxidation von Methanol mit einem oxidierten Kupferdraht oder mit Kaliumdichromat und Schwefelsäure.

1.4 Verwendung

Formaldehyd ist einer der wichtigsten organischen Grundstoffe in der chemischen Industrie. Er wird nahezu ausschließlich in Form wässriger Lösungen verwendet. Gasförmig kommt er praktisch nur in chemischen Anlagen vor. Allein in der Europäischen Union, Norwegen und der Schweiz wurden 2015 ca. 8,6 Millionen Tonnen 37%ige Lösung (entsprechen 3,2 Millionen Tonnen reines Formaldehyd) hergestellt [3].

Aus Formaldehyd (wässrige Lösungen, Paraformaldehyd oder Trioxan) hergestellte Produkte werden in über 50 verschiedenen Industriezweigen verwendet. Technisch bedeutsam ist Formaldehyd vor allem für die Herstellung von Kunstharzen (Pheno- und Aminoplaste, Melamin- und Acetalharze), Ethylenglykol, Hexamethylentetramin und Pentaerythrit. Der weitaus größte Anteil des produzierten Formaldehyds wird für Kondensationsprodukte mit Harnstoff, Melamin und Phenol eingesetzt. Die Amino- und Phenoplaste zeichnen sich durch schwere Entflammbarkeit sowie hohe Lichtechtheit aus. Als Bindemittel werden sie überwiegend in Holzwerkstoffen, also Spanplatten, Sperrholz und Tischlerplatten, eingesetzt. Spanplatten werden für den Innenausbau und für Möbel verwendet.

Aminoplaste dienen u. a. in der Textilindustrie als Hilfsmittel zur Knitterfrei- und Pflegeausrüstung.

Medizinische und sonstige technische Anwendungen haben einen relativ geringen Anteil am Verbrauch der Formaldehyd-Produktion, haben aber für die Einwirkung auf den Menschen eine große Bedeutung, da Formaldehyd in diesen Bereichen entweder chemisch ungebunden ist und damit leicht freigesetzt wird (z. B. als Konservierungsstoff in Kosmetika und Haushaltsreinigern) oder in hohen Dosen einwirken kann (z. B. Desinfektion). Vielfach greift man zur Konservierung von Kosmetika und technischen Produkten wie Schmiermitteln auf sogenannte Formaldehyd-Abspalter zurück, Verbindungen, die Formaldehyd freisetzen, jedoch weniger flüchtig und geruchsintensiv sind wie Formaldehyd selbst.

1.5 Vorkommen

Außenluft

Formaldehyd ist ein natürlich vorkommender Stoff, der in der Troposphäre ständig durch photochemische Prozesse vorwiegend aus Kohlenwasserstoffen wie z. B. Methan oder Terpenen gebildet wird. Kohlenwasserstoffe werden unter der Einwirkung von OH-Radikalen und Ozon zu reaktivem Formaldehyd und anderen Aldehyden oxidiert und zerfallen in CO, H_2, CO_2 und H_2O. Die Halbwertszeit von Formaldehyd ist relativ kurz und beträgt nur wenige Stunden, so dass keine Anreicherung erfolgt. Global gesehen überwiegen die natürlichen Quellen die anthropogenen Emissionen, doch können in Ballungsräumen erhöhte Formaldehydkonzentrationen auftreten.

Ein wesentlicher Teil des in der Außenluft nachweisbaren Formaldehyds stammt aus Autoabgasen und anderen unvollständigen Verbrennungsprozessen, wie man sie in Heizungen, Müllverbrennungsanlagen, Gießereien und bei der Herstellung von Kunststoffartikeln findet. Dabei ist der Straßenverkehr der größte Emittent. Nicht aromatische Aldehyde, und darunter in erster Linie Formaldehyd, werden besonders von Fahrzeugen mit Dieselmotor emittiert. Lastkraftwagen setzen knapp 400 mg dieser Verbindungen pro Kilometer frei. Diesel-PKW und PKW ohne G-Kat sind mit 110-140 mg/km vergleichbar. Eine katalytische Abgasreinigung reduziert die Aldehyde im Durchschnitt um 92 % [4].

Problematisch ist aber auch die Verbrennung von Holz in Kleinfeuerungsanlagen, bei der sich in der ersten Phase der Verbrennung Formaldehyd-Konzentrationen im Reingas von mehr als 1000 mg/m^3 ergeben können, in der Ausbrandphase liegen die Werte bei 50-100 mg/m^3. Zum Vergleich: In Feuerungsanlagen für feste und flüssige Brennstoffe, die unter die TA Luft fallen, sollte die Formaldehyd-Konzentration im Abgas 5 mg/m^3 nicht überschreiten (s. Abschnitt 5 Vorschriften, S. 49).

Hauptmann et al. [5] haben Daten aus verschiedenen Quellen ausgewertet. Auf der Basis von Daten aus Kanada für das Jahr 1997 schlossen sie, dass die folgenden Quellen zu Formaldehyd-Emissionen in die Außenluft beitragen:

- Straßenverkehr (70 %),
- Luftverkehr (11 %),
- Schiffsverkehr (7 %),
- Formaldehyd verarbeitende Industrie (10 %),
- Kraftwerke und Abfallverbrennungsanlagen (< 1 %).

Jedoch ist trotz des gestiegenen Verkehrsaufkommens dank strengerer Abgasgrenzwerte und Einsatz der Katalysatortechnik von einer deutlichen Reduzierung des KFZ-Anteils an den Formaldehyd-Emissionen auszugehen.

Formaldehyd kann in der Außenluft erhöhte Konzentrationen auf Grund seiner Instabilität nur in der Nähe von Formaldehyd-ausstoßenden Betrieben und bei hoher Verkehrsbelastung erreichen, wobei im Sommer, bedingt durch die Sonneneinstrahlung, im Schnitt höhere Werte auftreten als im Winter. Tabelle 2 gibt eine Übersicht über die Höhe der Außenluft-Konzentration.

Tabelle 2: Formaldehyd-Gehalt in der Außenluft [5]

Herkunft	Formaldehyd-Gehalt
maritime Reinluft	0,1-0,5 µg/m^3
kontinentale Reinluft	0,2-3,5 µg/m^3
Belastungsgebiete	10-20 µg/m^3
Spitzenbelastungen	bis 100 µg/m^3

Innenräume

In der Vergangenheit stand Formaldehyd im Mittelpunkt der Diskussion um in Innenräumen auftretende Luftverunreinigungen. Als Emissionsquellen sind vor allem Baustoffe, Möbel, das Tabakrauchen und andere Verbrennungsprozesse sowie Reinigungs- und Pflegemittel zu nennen.

Im Allgemeinen ist die Formaldehyd-Konzentration in Innenräumen höher als im Freien. Die sich in einem Raum einstellende Formaldehyd-Konzentration hängt stark vom Luftwechsel ab, aber auch von der Temperatur und von der Luftfeuchtigkeit, wenn Spanplatten die Hauptursache sind. Bereits 1977 hat das damalige Bundesgesundheitsamt einen Richtwert von 0,1 ppm für Innenräume (einschl. Wohnräume) empfohlen. Dieser Wert wurde im Hinblick auf die Vermeidung von Schleimhautreizungen und Belästigungen ohne Berücksichtigung des krebserzeugenden und mutagenen Potenzials festgelegt. Das Bundesinstitut für Risikobewertung (BfR) veröffentlichte 2006 einen Bericht zur Bewertung der Karzinogenität von Formaldehyd [7]. Darin wird als „sichere Konzentration“ („Safe Level“) im Hinblick auf die krebserzeugende Wirkung beim Menschen eine Luftkonzentration von 0,1 ppm abgeleitet. Der Ausschuss für Innenraumrichtwerte (AIR) [8], bestehend aus Mitgliedern der Innenraumlufthygiene-Kommission (IRK) des Umweltbundesamtes und der Arbeitsgemeinschaft der Obersten Landesgesundheitsbehörden (AOLG) hat Formaldehyd 2016 unter Berücksichtigung der krebserzeugenden Wirkung neu bewertet und einen Vorsorgewert (Richtwert I) von 0,1 ppm Formaldehyd in der Innenraumluft abgeleitet. Dieser Wert „beschreibt die Konzentration eines Stoffes in der Innenraumluft, bei der bei einer Einzelstoffbetrachtung nach gegenwärtigem Erkenntnisstand auch dann keine gesundheitliche Beeinträchtigung zu erwarten ist, wenn ein Mensch diesem Stoff lebenslang ausgesetzt ist“. Er sollte auch kurzzeitig, d h. länger als eine halbe Stunde, nicht überschritten werden. Gemäß einer Abschätzung des Formaldehyd-bedingten Krebsrisikos durch die WHO 2010 beträgt das theoretische Risiko, an Krebs der oberen Atemwege zu erkranken, etwa 3×10^{-7}, wenn ein Nichtraucher kontinuierlich 80 Jahre lang einer Konzentration von 0,1 ppm Formaldehyd in der Atemluft ausgesetzt wäre. Das Risiko ist demnach sehr gering: Einer von ca. 3 Millionen Nichtrauchern würde nach 80 Jahren an Krebs erkranken.

Verschiedene Studien zur Formaldehyd-Konzentration in Innenräumen aus den Jahren 1975 bis 2005 belegen einen rückläufigen Trend. Vom Umweltbundesamt wurden im Rahmen eines Kinder-Umwelt-Survey (KUS) [9] Daten im Zeitraum 2003 bis 2006 ermittelt. Einbezogen wurden Haushalte im gesamten Bundesgebiet mit Kindern im Alter von 3 bis 14 Jahren. Untersucht wurde die Innenraumluftkonzentration von Formaldehyd in den Räumen, in denen sich die Kinder überwiegend aufhalten. Nach diesen Daten liegt der Mittelwert der Formaldehyd-Konzentration aller untersuchten Räume bei 23,3 µg/m³ und das 95. Perzentil bei 47,7 µg/m³ und damit etwa halb so hoch wie 1985/86. Der Maximalwert liegt bei 68,9 µg/m³. Als signifikante Expositionsfaktoren wurden Möbel aus Spanplatten, Holzfußboden und -verkleidung und die Renovierung des Raums in den letzten 12 Monaten identifiziert. Alle im Rahmen des KUS berichteten Innenraumluftkonzentrationen für Formaldehyd liegen unterhalb des vom BfR abgeleiteten „sicheren Wertes“ („Safe Level“).

Ein Vergleich zahlreicher internationaler Studien im Jahr 2005 kam ebenfalls zu dem Ergebnis, dass die Bevölkerung unter normalen Lebensbedingungen im Mittel einer Konzentration von 20 bis 40 µg/m³ (0,016 bis 0,032 ppm) Formaldehyd ausgesetzt ist. Eine umfassende Darstellung des Themas findet sich bei Salthammer et al. [10].

Tabakrauch

Zigarettenrauch stellt eine der Hauptquellen für Formaldehyd-Emissionen in Innenräumen dar. Mit dem Rauch entweichen etwa 1,5 mg Formaldehyd je Zigarette. In einem durchschnittlich großen Raum steigt beim Rauchen von sechs Zigaretten die Formaldehyd-Konzentration innerhalb von 15 Minuten über den Richtwert von 0,1 ppm für Innenräume (Raumgröße 50 m^3, hoher Luftwechsel von 1 pro Stunde) an. Bei einem tieferen Luftwechsel werden bereits beim Rauchen einzelner Zigaretten Spitzenkonzentrationen über dem Richtwert erreicht [11].

Besonders bedenklich ist dabei, dass Formaldehyd an Rauchpartikel und Aerosole absorbiert wird und so in tiefere Regionen des Atemtraktes gelangen kann.

Auch beim Rauchen von Wasserpfeifen werden vergleichsweise hohe Mengen an potenziell gesundheitsgefährdenden Substanzen, auch Formaldehyd, freigesetzt, die bei tabak- und nikotinfreien Produkten hauptsächlich durch die Kohleverbrennung und zum Teil durch Pyrolyse anderer Materialien entstehen [12].

Holzwerkstoffe

In Nichtraucher-Haushalten sind Möbel aus Spanplatten mit einer hohen Schadstoffausdünstung die häufigste Ursache für erhöhte Formaldehyd-Konzentrationen in der Innenraumluft. Besonders Span- und Faserplatten, die unter Verwendung von Harnstoff-, Phenol- und Melaminharzen hergestellt wurden, gasen über Jahre hinweg Formaldehyd aus. Hohe Luftfeuchtigkeit und hohe Temperaturen begünstigen die Freisetzung. Durch die Entwicklung neuer Harztypen und verbesserte Produktionsbedingungen ist die durchschnittliche Formaldehyd-Belastung in Innenräumen seit 1970 rückläufig.

In Deutschland werden plattenförmige Holzwerkstoffe nach der sog. DIBt-Richtlinie [13] in drei Emissionsklassen eingeteilt. Die Einteilung basiert auf der Messung der Formaldehyd-Ausgleichskonzentration in einer Prüfkammer. Für den Möbel- und Innenausbau dürfen nur Spanplatten der Emissionsklasse 1 (E1) mit einer Formaldehyd-Ausdünstung von weniger als 0,1 ppm eingesetzt werden. Da die festgelegten Parameter des Prüfkammerverfahrens nicht immer die in der Praxis vorliegenden Bedingungen widerspiegeln, kann es vorkommen, dass auch Holzfaserprodukte mit der Bezeichnung E1 den Richtwert von 0,1 ppm Formaldehyd deutlich überschreiten. Daneben existieren freiwillige Zertifizierungssysteme wie der „Blaue Engel". Das Umweltzeichen „Blauer Engel" (RAL-UZ 38, „weil emissionsarm") erhalten emissionsarme Produkte aus Holz und Holzwerkstoffen, die nicht mehr als 0,05 ppm Formaldehyd ausgasen und damit um die Hälfte niedriger liegen als die gesetzlichen Vorgaben. Die Chemikalien-Verbotsverordnung verbietet das Inverkehrbringen von beschichteten und unbeschichteten Holzwerkstoffen und daraus hergestellten Möbeln, die in einem definierten Prüfraum eine höhere Raumluftkonzentration als 0,1 ppm ergeben.

An Spielzeuge aus Holz, z. B. Holzpuzzle, die häufig aus Spanplatten oder Sperrholz bestehen, sind deutlich strengere Anforderungen zu stellen. Generell gilt, dass Spielzeug nur zu höchstens 10 % zur Belastung der Innenraumluft mit Formaldehyd beitragen soll. Auf dieser Basis hat das Bundesinstitut für Risikobewertung (BfR) einen gesundheitlich unbedenklichen Wert für die Freisetzung von Formaldehyd aus Holzspielzeug abgeleitet, der um ein Vielfaches geringer ist als der Grenzwert der Chemikalienverbotsverordnung. Da jedoch die in der Praxis gemessenen Innenraumluftkonzentrationen für Formaldehyd unterhalb des „safe level" von 0,1 ppm liegen, sah das BfR 2007 keinen dringenden Handlungsbedarf, den Grenzwert für Spielzeug abzusenken [14]. Auch mit der europäischen Spielzeugrichtlinie [15] wird Formaldehyd noch nicht aus Spielzeug verbannt. Sie verbietet zwar grundsätzlich CMR-Stoffe der Kategorien 1A und 1B (seit 2014 also auch Formaldehyd) in Spielzeug zu verwenden, lässt sie jedoch unter bestimmten Voraussetzungen gemäß Anhang II Punkt III Nr. 4 zu, wenn ein Konzentrationsgrenzwert von 0,1 % für Stoffe nicht überschritten wird.

Aber nicht nur aus Holzwerkstoffen wird Formaldehyd freigesetzt. 2011 berichtete das Bundesinstitut für Risikobewertung (BfR), dass aus Gebrauchsgegenständen aus Melaminharz bei höheren Temperaturen die Monomeren Melamin und Formaldehyd freigesetzt werden [16]. So können beispielsweise gesundheitlich bedenkliche Mengen in die Lebensmittel übergehen, wenn beim Braten und Kochen oder beim Erhitzen in der Mikrowelle Küchenutensilien aus Melaminharz verwendet werden. Da Formaldehyd auch in die Raumluft übergeht, besteht zudem ein gesundheitliches Risiko durch Inhalation.

Textilien

In der Textilindustrie spielen Ausrüstungsmittel zur Verbesserung des Knitter- und Krumpfverhaltens eine wichtige Rolle. Sie werden bei Fasern auf Cellulose-Basis (Baumwolle und Viskose) und bei deren Mischungen mit synthetischen Fasern eingesetzt. Die in Textilien verbleibende Menge beträgt bis zu 8 % des textilen Warengewichts. Verwendung finden hauptsächlich Kunstharze auf der Basis von Formaldehyd, die unter bestimmten Bedingungen Formaldehyd freisetzen können.

Ab dem 1. November 2020 dürfen Bekleidung und damit in Bezug stehendes Zubehör wie Sportkleidung oder Taschen sowie Schuhwaren nicht mehr in den Verkehr gebracht werden, wenn sie Formaldehyd in einer Konzentration über 75 ppm enthalten. Die Beschränkung wurde aufgrund der krebserzeugenden Wirkung erlassen und gilt nach Anhang XVII Nr. 72 der REACH-Verordnung [17] auch für andere Textilien wie Bettwäsche, Decken oder wiederverwendbare Windeln, die in einem ähnlichen Maß wie Bekleidung mit der menschlichen Haut in Berührung kommen. Für Kleidung, die nicht direkt und andauernd mit der Haut in Berührung kommt wie Jacken und Mäntel sowie für Polsterungen, gilt bis 2023 ein abweichender Grenzwert von 300 mg/kg. Die Einhaltung einer Höchstgrenze von 75 bzw. 300 mg/kg wird bereits heute bei freiwilligen Schadstoffprüfungen im Rahmen eines Prüfsiegels verlangt. Die Nachweisgrenze für freien und hydrolisierten Formaldehyd in Textilproben nach EN ISO 14184-1 (2014) liegt bei 16 mg/kg.

Schon vor Erlass der Beschränkung nach REACH Anhang XVII war der Formaldehyd-Gehalt in Kleidungsstücken aufgrund der allergen Wirkung des Formaldehyds begrenzt. Laut Bedarfsgegenständeverordnung [18] § 10 Abs. 3 in Verbindung mit Anlage 9 dürfen Textilien mit einem Massengehalt von mehr als 0,15 % (1500 ppm) an freiem Formaldehyd, die beim bestimmungsgemäßen Gebrauch mit der Haut in Berührung kommen und mit einer Ausrüstung versehen sind, nur an Verbraucher abgegeben werden, wenn sie wie folgt gekennzeichnet sind: „Enthält Formaldehyd. Es wird empfohlen, das Kleidungsstück zur besseren Hautverträglichkeit vor dem ersten Tragen zu waschen."

Kosmetische Mittel, Wasch- und Reinigungsmittel

Als Konservierungsstoff für kosmetische Mittel wird Formaldehyd als solches in Deutschland kaum noch eingesetzt. Etwa 12 % der Kosmetika werden mit Formaldehyd-Abspaltern konserviert. Die Konzentrationen, die dabei freigesetzt werden, können so hoch sein, dass sie bei sehr empfindlichen Personen allergische Reaktionen hervorrufen. Die gesundheitliche Relevanz ist jedoch aufgrund der abnehmenden Dosierungsmengen allgemein zurückgegangen. Dennoch gibt es immer wieder Fälle, in denen es zur Überschreitung der zulässigen Grenzwerte kommt. So stellten die Überwachungsbehörden der Bundesländer 2010 bei mehreren Proben von neuartigen Haarglättungsmitteln Formaldehyd-Konzentrationen zwischen 1,7 und 1,8 % fest, die nach Auffassung des Bundesinstituts für Risikobewertung (BfR) dazu geeignet sind, bei entsprechender Anwendung Atemwegs-, Augen- und Hautreizungen auszulösen [19].

Die europäische Kosmetikverordnung [20] schreibt vor, dass kosmetische Mittel, deren Konzentration an freiem Formaldehyd im Endprodukt 0,05 % überschreitet, mit dem Hinweis „Enthält Formaldehyd" gekennzeichnet werden müssen. Kosmetische Mittel dürfen nicht mehr als 0,2 % ungebundenen Formaldehyd enthalten, für Mundpflegemittel liegt die zulässige Höchstkonzentration bei 0,1 %, für Nagelhärter bei 5 %. In Aerosolpackungen (Sprays) ist Formaldehyd als Konservierungsstoff verboten.

Nach der Chemikalien-Verbotsverordnung dürfen Wasch-, Reinigungs- und Pflegemittel mit mehr als 0,2 % Formaldehyd nicht in den Verkehr gebracht werden.

Reinigungs- und Pflegemittel, die für den häuslichen Bedarf bestimmt sind und mehr als 0,1 % Formaldehyd enthalten, müssen nach der Bedarfsgegenständeverordnung [18] mit dem Hinweis „Enthält Formaldehyd" gekennzeichnet sein. Das Bundesinstitut für Risikobewertung weist in einer Erklärung vom 22.05.2014 aber nachdrücklich darauf hin, dass Desinfektionsmittel in der Regel in privaten Haushalten nicht erforderlich sind.

Im medizinischen Bereich wird Formaldehyd auch heute noch wegen seines breiten bioziden Wirkstoffspektrums zur Sterilisation und Desinfektion eingesetzt. In Kliniken ist es ein wichtiges Flächendesinfektionsmittel. Die Desinfektion mit Formaldehyd birgt, wenn gleichzeitig ein chlorhaltiges Desinfektionsmittel wie Javelwasser (wässrige Lösung von Kaliumhypochlorit) verwendet wird, das Risiko, dass in geringem Maß stark krebserzeugender Bis(chlormethyl)ether gebildet wird. Beide Desinfektionsmittel sollten nie gleichzeitig oder nacheinander zum Einsatz kommen.

In der Pathologie dient Formaldehyd traditionell zur Härtung und Konservierung von Gewebeproben. Nach Studien aus den Jahren 2002/2003 lagen die Schichtmittelwerte der Luftbelastung im Gesundheitswesen bei knapp 3 mg/m^3 für den Bereich der Desinfektion in Krankenhäusern und bei 1,5 mg/m^3 in der Pathologie. Andere Arbeitsbereiche wiesen als Schichtmittelwerte Belastungen unter 1,0 mg/m^3 auf [21]. Liegen die Konzentrationen über dem in der TRGS 900 festgesetzten Arbeitsplatzgrenzwert von 0,37 mg/m^3, sind Schutzmaßnahmen zu veranlassen.

Nach der EU-Biozid-Verordnung [22] darf Formaldehyd als karzinogener Stoff, der nach der CLP-Verordnung (Verordnung (EU) Nr. 1272/2008) in die Kategorie 1B eingestuft ist, nicht als Wirkstoff in Biozid-Produkten genehmigt werden. Schon vor der Neueinstufung war Formaldehyd nach der alten Biozidrichtlinie [23] für einige Produkttypen, u.a. für Biozidprodukte für die menschliche Hygiene, nicht genehmigt.

Lebensmittel

Formaldehyd wird im C1-Stoffwechsel endogen gebildet und kommt in pflanzlichen und tierischen Geweben vor, wo es in freier oder gebundener Form vorliegt. Deshalb ist Formaldehyd im ppm-Bereich in Lebensmitteln weit verbreitet. So wurden für Obst 3-60 ppm (3,6-72 mg/kg) und für Gemüse 3-30 ppm (3,6-36 mg/kg) gemessen [24]. Die Konzentration in tierischen Lebensmitteln ist meist deutlich geringer, gelegentlich werden aber bei Fischen und Meerestieren sowie in geräucherten Fleisch- und Wurstwaren Konzentrationen in ähnlicher Größenordnung gefunden.

Im Trinkwasser werden Konzentrationen gemessen, die unter 0,1 mg/l liegen, sodass die daraus folgende Exposition vernachlässigbar ist.

Die mittlere tägliche Aufnahme wird auf 1,5-14 mg/Tag, d. h. auf bis zu etwa 200 µg/kg Körpergewicht/Tag geschätzt. Sie liegt damit weit unterhalb der Dosis, die bei Ratten nach chronischer Verabreichung im Trinkwasser keine schädigende Wirkung mehr zeigte. Daraus wird geschlossen, dass in Lebensmitteln natürlich vorkommender Formaldehyd nicht geeignet ist, die menschliche Gesundheit zu schädigen.

Als Konservierungsstoff für Lebensmittel ist Formaldehyd nicht zugelassen. Als Konservierungsstoff für Futtermittel (E240) war es in der EU für einen unbegrenzten Zeitraum zugelassen. Seit dem 1.7.2015 dürfen gemäß dem Beschluss 2013/204/EU der Kommission [25] keine Formaldehyd enthaltenden Produkte mehr als Biozid-Produkte zum Schutz von Futtermitteln in den Verkehr gebracht werden.

2 Ökotoxizität

Formaldehyd reichert sich aufgrund seiner hohen Reaktionsfähigkeit nicht in der Umwelt an und neigt auch nicht dazu, sich im Fettgewebe von Organismen anzureichern (log K_{OW} = 0,35). Die Adsorption an Boden und Sediment ist gering (Sorptionskoeffizient K_{OC} = 16 l/kg, geschätzt). In der Atmosphäre erfolgt eine photochemisch beschleunigte Oxidation zu Kohlendioxid mit einer Halbwertszeit von 35-50 Minuten.

In Boden und Wasser wird Formaldehyd durch Bakterien abgebaut (biologische Abbaubarkeit 87-96 %/14 Tage/25 °C). Jedoch sind nur sehr verdünnte Lösungen biologisch abbaubar. Konzentrationen von mehr als 100 mg/l unterbinden die normale Schlammfaulung. Bei sachgemäßer Einleitung geringer Konzentrationen in biologische Kläranlagen sind jedoch keine Störungen der Abbauaktivität des Belebtschlamms zu erwarten.

Formaldehyd ist giftig für Wasserorganismen. Es ist ein Protoplasmagift, das auch in starker Verdünnung noch ätzend wirkt. Die akute Toxizität gegenüber Fischen, Krebstieren und Algen als Vertreter der Nahrungskette in einem Gewässer (Trophiestufen) liegt im Bereich weniger mg/l. Die vorliegenden Daten zur akuten aquatischen Toxizität lassen nur auf geringe Unterschiede zwischen den einzelnen Trophiestufen schließen. Bei toxikologischen Untersuchungen an Süßwasserforellen und Lachsen wurden Veränderungen der Kiemenfunktion, Hyperchlorämie, erniedrigtes Plasmacalcium und Kohlendioxid, ein niedrigerer pH-Wert sowie ein geringerer Sauerstoffverbrauch der Spezies beobachtet.

Eine Auswahl von Daten zur aquatischen Toxizität der empfindlichsten Organismen wurde dem Registrierungsdossier für REACH [26] entnommen (s. Tabelle 3). Ausgewählt wurden Daten zu besonders empfindlichen Organismen, die zur Gefahrstoffeinstufung herangezogen werden. Eine Einstufung in die Gefahrenklasse „gewässergefährdend" erfolgt erst bei wirksamen Konzentrationen unter 1 mg/l.

Eine umfangreiche Zusammenstellung ökotoxikologischer Daten für Spezies verschiedener trophischer Ebenen enthält eine Veröffentlichung des Hessischen Landesamtes für Umwelt und Geologie [27]. Darin wurde im Rahmen einer geplanten Sanierungsmaßnahme in mit Formaldehyd belastetem Grundwasser eine Geringfügigkeitsschwelle von 0,26 µg/l abgeleitet. Sie ist definiert als die Konzentration, bei der trotz Erhöhung des Stoffgehalts gegenüber regionalen Hintergrundwerten keine relevanten ökotoxikologischen Wirkungen auftreten und die Anforderungen der Trinkwasserverordnung oder entsprechend abgeleiteter Werte eingehalten werden.

Tabelle 3: Aquatische Toxizität

Akute aquatische Toxizität		
Fische *(Morone saxatilis)*	96 h LC50 6,18 mg/l	Reardon, 1990
Krebstiere *(Daphnia pulex)*	48 h EC50 5,8 mg/l	Tisler & Zagorc-Koncan, 1997
Algen *(Desmodesmus subspicatus)*	72 h EC50 4,89 mg/l	Eisentraeger et al., 2003
Chronische aquatische Toxizität		
Fische *(Oryzias latipes)*	28 d NOEC ≥ 48 mg/l	Johnsson et al., 1993
Krebstiere *(Daphnia magna)*	21 d NOEC > 6,4 mg/l	SGS, 2008
Algen	–	–

LC50 = mittlere akute Letalkonzentration
EC50 = mittlere effektive (Wirk-)Konzentration
NOEC = No Observed Effect Concentration

3 Toxikologie

3.1 Toxikokinetik

Formaldehyd kann schnell über die Haut, den Atemtrakt oder den Magen-Darm-Trakt in den Körper aufgenommen werden; bei Einatmung werden weniger als 5 % wieder abgeatmet. Formaldehyd dringt schnell in das Gewebe ein und verursacht – bedingt durch seine chemische Reaktionsfreudigkeit – vorwiegend lokale Wirkungen. Der weitaus größte Teil reagiert bereits im oberen Atemtrakt, beim Menschen primär in der Nase, im Rachen, Kehlkopf, in der Luftröhre und in den Bronchien. Nur ein kleinerer Teil der aufgenommenen Dosis wird in das Blut aufgenommen und reagiert auch danach schnell weiter, sodass Formaldehyd nach Ende der Absorption nur wenige Minuten lang im Blut nachgewiesen werden kann (geringe orale Bioverfügbarkeit).

Es kann angenommen werden, dass der nicht mit dem Gewebe reagierende Teil der aufgenommenen Dosis, katalysiert durch das Enzym Aldehyddehydrogenase, zu Ameisensäure und teilweise weiter zu Kohlendioxid oxidiert und ausgeschieden wird.

3.2 Wirkmechanismus

Lokal starke Reizung von Haut und Schleimhaut, in höherer Konzentration Zeichen der Entzündung (sog. 1° Verätzung) und starke Verätzung (Koagulationsnekrose, 2° bis 3° Verätzung).

3.3 Toxizität

Zielorgane der akuttoxischen Lokalwirkung sind das Auge, die Atemwege, die Haut und der Magen-Darm-Trakt. Als durchschnittliche orale Letaldosis beim Menschen werden 10 bis 40 ml einer 35 %-igen wässrigen Formaldehyd-Lösung angegeben [28].

3.4 Symptomatik (akut)

Aufgrund seines stechenden Geruchs ist Formaldehyd in der Raumluft schon ab einer Konzentration gut wahrnehmbar, die unter dem Schwellenwert der Augen- und Atemwegsreizung liegt. Der Geruch und die Reizwirkung haben somit eine deutliche Warnwirkung.

Konzentrationen von 0,1 bis 0,3 ml/m^3 werden von 50 % der Versuchspersonen wahrgenommen, sehr empfindliche Personen riechen Formaldehyd bereits ab 0,05 ml/m^3. Die Geruchswahrnehmung kann durch längere inhalative Exposition gegenüber niedriger Formaldehyd-Konzentration vermindert werden.

Augenexposition

Wässrige Formaldehyd-Lösungen oder gasförmiger Formaldehyd verursachen am Auge Brennen, Rötung, Tränenfluss und Fremdkörpergefühl, in höherer Konzentration Lidkrampf (Blepharospasmus), Abblassen der Bindehaut als Zeichen einer Schwellung (Chemosis) und Trübung der Hornhaut.

Inhalation

Leichte Vergiftung: Einatmen einer Formaldehyd-Konzentration von mehr als 0,5 ml/m^3 führt innerhalb von Minuten zu Tränenfluss und Hustenreiz, oft begleitet von Übelkeit und Erbrechen.

Mittelschwere Vergiftung: zusätzlich Brustschmerzen und Atemnot.

Schwere Vergiftung: mit mehrstündiger Latenz zum Expositionsbeginn auftretendes Kehlkopf- oder Lungenödem, sekundär tödlicher Atem- und Herz-Kreislauf-Stillstand.

Bei vorbestehender Sensibilisierung (Formaldehyd-Allergie): Bronchospasmus mit Dyspnoe.

Die in Tabelle 4 aufgeführten Schwellenwerte sind Mittelwerte, zudem werden bei Exponierten starke Veränderungen der Schwellenwerte beobachtet.

Tabelle 4: Effekte bei Inhalation von Formaldehyd [29]

Schwellenwert ppm (ml/m³)	Wirkung
0,05-1,0	Geruchswahrnehmung (Toleranzentwicklung)
0,5-3	schwache Reizung der Augen und der oberen Atemwege
3-10	mäßige Reizung der Augen und oberen Atemwege
5-30	Schmerzen in der Brust, Atembeschwerden, Husten; Übelkeit und Erbrechen
50-100	toxische Lungenentzündung und Lungenödem
> 100	tödlich

Hautkontakt

Leichte Vergiftung: Brennen, Schmerzen, Rötung am Ort der Einwirkung.

Mittelschwere Vergiftung: Blasenbildung.

Schwere Vergiftung: Gewebsuntergang (Geschwür = Ulkus; histologisch: Koagulationsnekrose, Bildung einer Auflage festen, nekrotischen Materials), Abheilung mit Narbenbildung.

Bei wiederholtem Hautkontakt kann es zu einer Sensibilisierung der Haut und damit zu allergischer Hauterkrankung (Kontaktekzem, s. S. 28) kommen.

Verschlucken

Leichte Vergiftung: Nach oraler Aufnahme verdünnter wässriger Lösungen (< 10 %) kommt es zu Brennen, Schmerzen, verstärkter Rötung im oberen Magen-Darm-Trakt (Mund, Rachen, Kehlkopf, Speiseröhre, Magen und Zwölffingerdarm), begleitet von Übelkeit und Erbrechen (s. auch Tab. 5).

Mittelschwere bis schwere Vergiftung: Lösungen über 10 % Formaldehyd verursachen zusätzlich Blasenbildung oder Gewebeuntergang (Koagulationsnekrose, s. o.) im oberen Magen-Darm-Trakt, begleitet von blutigem Erbrechen. Komplikation: Durchbruch der Organwand mit Pleuritis oder Peritonitis.

Sekundär können Hämolyse, Herzrhythmusstörungen, Kreislaufkollaps oder akutes Nierenversagen auftreten.

Tabelle 5: Effekte bei Verschlucken wässriger Formaldehyd-Lösungen [29]

Verschluckte Dosis Formaldehyd	Wirkung
20 - 200 mg	leichte Magen- und Rachenbeschwerden
600 - 2000 mg	Rachenreizung, Erbrechen, Zyanose, Herzrhythmusstörungen
5000 - 10000 mg	starke Schmerzen, Geschwürbildung, Glottisödem, Asphyxie, Tod

3.5 Sensibilisierende Wirkung

Formaldehyd hat ein hohes Sensibilisierungspotenzial und ist ein bedeutendes Kontaktallergen. Bei typischerweise wiederholtem Hautkontakt mit mehr als 2 %-iger Formaldehyd-Lösung kann es zu einer Sensibilisierung der Haut und damit zu eine Formaldehyd-Allergie kommen: Kontakturticaria (Typ 1-Reaktion) oder Kontaktekzem (Typ 2-Reaktion). Personen mit Formaldehyd-Allergie reagieren schon bei 0,05 %igen Lösungen mit den Zeichen einer chronischen Entzündung an Händen und Armen. Diese Kontaktekzeme finden sich vor allem bei Beschäftigten der chemischen Industrie und der Kunststoffindustrie sowie in Heil- und Pflegeberufen. In der Allgemeinbevölkerung ging die früher hohe Sensibilisierungsrate aufgrund der Konzentrationsbegrenzungen in Textilien und Kosmetika zurück.

Neben der allergischen Kontaktdermatitis wird sehr selten auch das Auftreten eines anaphylaktischen Schocks nach Formaldehyd-Exposition beobachtet.

3.6 Chronische Toxizität

Bei den früher üblichen hohen Formaldehyd-Belastungen am Arbeitsplatz traten chronische Entzündungen der Augenbindehäute und der Schleimhäute im Nasen-Rachen-Bereich auf. Auch chronische Bronchialerkrankungen wurden auf die langjährige Exposition gegenüber Formaldehyd zurückgeführt. Arbeiter, die Konzentrationen bis zu 3 ppm ausgesetzt waren, litten unter Augen- und Nasenirritationen sowie trockenem Rachen. Änderungen bestimmter Atemfunktionsparameter sind schnell reversibel. Bei langjährig Exponierten wird von Läsionen der Nasenschleimhaut berichtet. Die MAK-Werte-Kommission [30] kam im Jahr 2000 zu dem Schluss, dass bei täglich 8-stündiger Exposition gegenüber 0,3 ppm Formaldehyd praktisch alle Arbeiter vor Formaldehyd-bedingter Augenreizwirkung geschützt sind. Erst ab Konzentrationen über 1 ppm ist mit Reizeffekten zu rechnen. Allerdings kann die Anwesenheit anderer Chemikalien und Stäube die Empfindlichkeit erhöhen.

3.7 Karzinogene, mutagene und reproduktionstoxische Wirkung – CMR-Eigenschaften

In den 1980er Jahren entbrante eine heftige Diskussion um die krebserzeugende und mutagene (erbgutverändernde) Wirkung von Formaldehyd. Ausgelöst wurde die Diskussion einerseits durch die Beobachtung, dass Formaldehyd im Tierversuch an der Ratte nach langfristiger inhalativer Exposition Tumoren der Nasenschleimhaut auslöst, und andererseits durch in vitro und in vivo nachgewiesene mutagene Wirkungen von Formaldehyd. Die Bedeutung der mutagenen Eigenschaften war ebenso umstritten wie die Frage, ob die Tumoren durch einen genotoxischen Schaden ausgelöst werden oder in erster Linie aufgrund der lokalen chronischen Reizwirkung entstehen.

Ein erhöhtes Krebsrisiko konnte in früheren epidemiologischen Untersuchungen nicht bestätigt werden. Daher wurde Formaldehyd in der EU zunächst als Stoff mit „begründetem Verdacht auf ein krebserzeugendes Potenzial" eingestuft. Eine Neubewertung durch die International Agency of Cancer (IARC) 2004 löste eine anhaltende Diskussion aus, ob Formaldehyd bzgl. der krebserzeugenden Wirkung neu einzustufen ist.

Die MAK-Werte-Kommission entschied schon im Jahr 2000, Formaldehyd als krebserzeugenden Stoff der Kategorie 4 (s. auch Abschnitt 5.4, S. 46) und als Keimzellmutagen der Kategorie 5 (s. auch Abschnitt 5.4, S. 46) einzustufen. Sie sah eine Schwelle hinsichtlich der krebserzeugenden Wirkung als gegeben an. Die vorliegenden Daten ließen den Schluss zu, dass es wirksame Abwehrmechanismen in der Nase als dem hauptsächlich betroffenen Organ gibt, die aber ab einer bestimmten Konzentration bei chronischer Exposition überfordert sind, so dass es dann zu toxischen Effekten kommt. Es wurde festgestellt, dass Formaldehyd in niedrigen Dosisbereichen dagegen keine Steigerung der Zellproliferation bewirkt, genotoxische Effekte nur eine untergeordnete Rolle spielen und der Beitrag zum Krebsrisiko für den Menschen wird als nicht nennenswert angesehen.

In den Jahren 2003/2004 veröffentlichte die International Agency for Research on Cancer (IARC) die Ergebnisse von epidemiologischen Studien, die eine erhöhte Sterblichkeit durch Tumore im Nasen-Rachen-Raum belegten, und stufte Formaldehyd nach einer Neubewertung als Humankanzerogen in die Gruppe 1 ein, damals noch unter der Maßgabe, dass die krebserzeugende Wirkung nur bei Inhalation eintritt, nicht bei oraler Aufnahme. 2006 bewertete auch das Bundesinstitut für Risikobewertung (BfR) [31] die gesundheitsgefährdenden Eigenschaften von Formaldehyd neu und kam zu den gleichen Schlussfolgerungen wie die IARC. Die epidemiologischen Daten und mechanistischen Überlegungen zeigen demnach zweifelsfrei, dass Formaldehyd Tumore in den oberen Atemwegen beim Menschen induzieren kann. Formaldehyd ist daher als „krebserzeugend für den Menschen“ nach inhalativer Aufnahme einzustufen. Nach Auffassung des BfR ist die Wirkung konzentrationsabhängig und zeigt sich oberhalb eines als sicher angesehenen Wertes, des sog. „safe level“. Als „safe level“ wurde eine Konzentration von 0,1 ppm (125 $\mu g/m^3$) Formaldehyd abgeleitet. Das Risiko im Konzentrationsbereich des „sicheren“ Wertes und darunter ist äußerst gering, kann nicht vom Hintergrundrisiko unterschieden werden und ist damit „praktisch“ nicht existent.

Die Europäische Kommission beschloss 2014 die Neueinstufung in die Kategorien Carcinogen 1B (wahrscheinlich krebserzeugende Wirkung) und Mutagen 2 (Verdacht auf mutagene Wirkung) [32]. In seiner Stellungnahme hielt der Ausschuss für Risikobeurteilung (RAC) [33] allerdings fest, dass kein Expositionspfad angegeben werden kann, da nicht bewiesen ist, dass andere Expositionswege – neben der Inhalation – sicher ausgeschlossen werden können. Gemäß RAC ist Formaldehyd ein lokal wirkendes genotoxisches Carcinogen. Die Datenbasis für Effekte im Niedrig-Dosis-Bereich ist begrenzt und erlaubt keine sicheren Rückschlüsse auf eine durch einen Schwellenwert zu begrenzende Wirkung.

Epidemiologische Studien und Tierversuche deuten außerdem auf eine Assoziation zwischen der Formaldehyd-Exposition und der Entstehung von Leukämien hin. Der Zusammenhang ist aber noch nicht erwiesen und wird in der Fachwelt kontrovers diskutiert.

Aus Tierversuchen geht hervor, dass Formaldehyd als potenzielles Keimzellmutagen in Nagetieren anzusehen ist. Mutagene Wirkungen erzielt es jedoch erst, wenn es in ausreichender Menge das Zielorgan erreicht. Bei begrenzten exogenen Formaldehyd-Belastungen, die die endogene Bioverfügbarkeit von Formaldehyd nicht signifikant erhöhen, ist nicht von einer mutagenen Wirkung auf die Keimzellen auszugehen. Die Wirkungsstärke wird als so gering erachtet, dass bei Konzentrationen unter 0,3 ml/m^3 Formaldehyd kein nennenswerter Beitrag zum genetischen Risiko für den Menschen zu erwarten ist [28].

Beobachtungen an Menschen geben keine Anhaltspunkte für eine reproduktionstoxische (fruchtschädigende) Wirkung von Formaldehyd. Im Tierversuch traten Effekte bei der Nachkommenschaft erst dann auf, wenn die verabreichten Dosen so hoch waren, dass die Muttertiere selbst bereits Vergiftungssymtome zeigten. In der TRGS 900 wird Formaldehyd daher mit dem Hinweis „Y“ geführt, was bedeutet, dass „ein Risiko der Fruchtschädigung bei Einhaltung des Arbeitsplatzgrenzwertes nicht befürchtet zu werden braucht“.

3.8 Stoffwechsel

Formaldehyd wird nicht nur exogen aufgenommen, sondern kommt als endogenes Stoffwechselprodukt in allen Geweben vor. Er entsteht bei der Biosynthese von Aminosäuren, Nukleotiden und Lipiden. Hauptquelle ist der Abbau von Serin, aber auch von Glycin und Histidin. Im menschlichen Organismus werden ca. 50 g pro Tag produziert, die Leber baut pro Minute ca. 20 mg Formaldehyd zu CO_2 ab. Freier Formaldehyd kann daher im Gewebe praktisch nicht nachgewiesen werden. Durch die spezifisch wirkende Formaldehyd-Dehydrogenase wird er zu

Ameisensäure oxidiert. Ameisensäure entsteht jedoch nicht nur beim Abbau von Formaldehyd, sondern auch als Metabolit von verschiedenen endogen gebildeten oder mit der Nahrung aufgenommenen Verbindungen. Sie wird zu etwa einem Drittel im Urin ausgeschieden und teilweise weiter zu Kohlendioxid und Wasser abgebaut. Ihre Bestimmung im Urin sagt daher nichts über die im Organismus auftretenden Formaldehyd-Konzentrationen aus [34].

4 Therapie

Formaldehyd wirkt hauptsächlich durch Einatmen und lokalen Kontakt auf Augen, Haut und Schleimhäute ein. Schwere inhalative Vergiftungen sind selten, da der stechende Geruch und die lokale Reizwirkung eine hohe Warnwirkung haben. Vergiftungen durch Verschlucken von Formaldehyd-Lösungen sind beim Menschen auf die versehentliche Einnahme oder die Einnahme in suizidaler Absicht zurückzuführen.

4.1 Erstmaßnahmen/Basistherapie

Wird bei einem Unfall Formaldehyd freigesetzt, so müssen exponierte Personen aus dem Gefahrenbereich gerettet werden. Helfer, die den Gefahrenbereich betreten, müssen einen Chemikalienschutzanzug tragen.

Patienten, deren Kleidung mit Formaldehyd-Lösung benetzt ist, können andere Personen durch direkten Kontakt oder durch ausgasenden oder abdampfenden Formaldehyd gefährden. Der Kontakt mit Patienten, die Formaldehyd-Gas oder -Dämpfen ausgesetzt waren, stellt keine Gefahr für Helfer und medizinisches Personal dar.

Inhalation: Nach Rettung aus der gashaltigen Atmosphäre Patient beruhigen und vor Wärmeverlust schützen.

Hautkontakt: Benetzte Kleidung und Schuhe ausziehen und luftdicht verschlossen lagern.

Orale Aufnahme: Mund mit Wasser ausspülen, bei Ingestion

- von ≤ 0,5 %-iger Lösung: keine weitere Therapie erforderlich, ggf. ein Glas Wasser trinken lassen
- von > 0,5 %-iger Lösung: sofort 1 Glas Wasser trinken lassen, Arztvorstellung, Patienten ruhig lagern

4.2 Spezifische Diagnostik

Formaldehyd-Lösungen können ca. 10 % Methanol als Stabilisator enthalten. Bei Ingestion relevanter Mengen wird deshalb die Bestimmung der Methanol-Konzentration im Blut empfohlen. Eine Messung der Formaldehyd-Konzentration in Körperflüssigkeiten ist nicht sinnvoll, da Formaldehyd schnell abreagiert (s. Abschnitt 3.8, S. 31).

4.3 Dekontamination

Inhalation: Sofern Patienten Formaldehyd-Gas ausgesetzt waren und keine Zeichen einer Haut- oder Augenreizung zeigen, ist keine Dekontamination erforderlich.

Augenkontakt: Das kontaminierte Auge über 15 Minuten mit möglichst körperwarmen Leitungswasser spülen; vorhandene Kontaktlinsen zuvor entfernen, wenn dies ohne zusätzliche Schädigung des Auges möglich ist. Bei Lidkrampf zuvor lokale Anwendung eines Lokalanästhetikums (z. B. Lidocain 0,5-2 %).

Hautkontakt: Haut frühzeitig mit möglichst körperwarmem Wasser 15 Minuten spülen.

Orale Aufnahme: Versuch der Giftentfernung durch Abziehen über eine Magensonde, sofern die Atemwegsschutzreflexe nicht beeinträchtigt sind, der Patient kooperativ ist und die Behandlung innerhalb von 30 Minuten nach Aufnahme möglich ist.

Eliminationsbeschleunigung/Sekundäre Giftentfernung: Formaldehyd und der Metabolit Ameisensäure sind gut dialysabel, bei schwerer Azidose kann eine Hämodialyse erwogen werden.

Antidottherapie: Ein spezifisches Antidot ist nicht bekannt.

Symptomorientierte Therapie: ggf. intravenöse Glucocorticoidgabe (z. B. bei beginnender Luftnot durch Anschwellen des Kehldeckels), bei anhaltendem Hustenreiz Gabe eines Antitussivums; ggf. Ausgleich einer metabolischen Azidose durch Gabe von Natriumhydrogencarbonat.

Experimentelle Therapie: Mit sofortiger Gabe von 1 %-iger Ammoniumcarbonatlösung kann versucht werden, Formaldehyd in Urotropin (Hexamethylentetramin) zu überführen (nur sinnvoll innerhalb weniger Minuten nach Ingestion [35].

4.4 Weitere medizinische Behandlung

Patienten vor Wärmeverlust schützen, bei Atemnot befeuchtete Luft oder Sauerstoff inhalieren lassen, lokale oder systemische Schmerzbehandlung.

Augenexposition: Da das volle Ausmaß der Schädigung oft erst nach Stunden erkennbar ist, soll bei Beschwerden, die über eine kurzzeitige Reizung der Augen hinausgehen (30 min), eine augenärztliche Vorstellung erfolgen.

Höhergradige *Hautverätzungen* werden (wie eine Verbrennung) mittels adäquater intravenöser Flüssigkeitsgabe, analgetischer Therapie, Schutz vor Wärmeverlust und Abdecken der betroffenen Hautareale mit steriler Auflage behandelt.

Bei *Verätzung* im Magen-Darm-Trakt ggf. bildgebende Untersuchungen zur frühzeitigen Erkennung von Pleuritis oder Peritonitis.

5 Vorschriften

5.1 REACH

Seit dem 1. Juni 2007 gilt die europäische Chemikalienverordnung REACH [36] in allen Mitgliedstaaten der EU. Gemäß REACH dürfen chemische Stoffe nur hergestellt und vermarktet werden, wenn sie zuvor registriert und wenn die im Rahmen der Registrierung einzureichenden Daten bewertet wurden.

Mit einer Produktionsmenge von EU-weit mehr als 7 Millionen Tonnen im Jahr gehört Formaldehyd zu den Stoffen, die in der ersten Registrierungsphase nach REACH bis 2012 registriert werden mussten. Die europäische Chemikalienagentur ECHA [37] veröffentlicht die aus den Registrierungsdossiers stammenden Informationen zu den gefährlichen Eigenschaften, zur Einstufung und Kennzeichnung sowie zur sicheren Verwendung der registrierten Stoffe in einer Datenbank auf ihrer Webseite [38].

Der zweite Schritt unter REACH – nach der Registrierung – umfasst die Evaluierung des registrierten Stoffes durch die ECHA. Dazu gehören die Überprüfung des Registrierungsdossiers, die Beurteilung der von den Registranten vorgelegten Versuchsvorschläge sowie die Bewertung des Stoffs selbst. Die Evaluierung wird von der ECHA nach einem bestimmten Prozedere durchgeführt. Die Stoffe, die innerhalb eines Zeitraums von drei Jahren bewertet werden müssen, werden in einem fortlaufenden Aktionsplan der EU (CoRAP) aufgeführt, der jährlich aktualisiert wird. Aufgrund seiner CMR-Eigenschaften, der hohen Produktionsmenge und seiner weiten Verbreitung wurde Formaldehyd bereits in den ersten Aktionsplan aufgenommen, den die ECHA 2012 für den Zeitraum 2012 bis 2014 angenommen hat. Die Evaluierung von Formaldehyd begann im Februar 2013. Die berichterstattenden Staaten (Frankreich und die Niederlande) forderten im Februar 2014 weitere Daten von dem REACH-Konsortium an, das das Dossier vorgelegt hatte. Nach Abschluss der Evaluierung im April 2015 kamen die Berichterstatter zu dem Schluss, dass weitergehende Informationen bezüglich der Gefahren, die bei einem Methanol-Gehalt von mehr als 10 % von bestimmten wässrigen Formaldehyd-Lösungen ausgehen können, und bezüglich der Emissionsraten der wichtigsten Formaldehyd-Quellen und deren Beitrag zur gesamten Innenraum-Luftkonzentration erforderlich sind. Bis Oktober 2017 sollten die Registrierungsdossiers aktualisiert und um die geforderten Daten ergänzt werden. Die Beurteilung der neu bereitgestellten Informationen ist noch nicht abgeschlossen. Vom März 2017 datiert ein Untersuchungsbericht der ECHA [39] zu den von der EU-Kommission aufgeworfenen Fragen.

Darüber hinaus wird geprüft, ob über die bereits bestehenden Beschränkungen nach REACH Anhang XVII (s. Abschnitt 5.3, S. 43) hinaus Beschränkungen für Formaldehyd und Formaldehyd-Abspalter in Verbraucherprodukten festgelegt werden sollen. Im Januar 2019 hat die ECHA ein entsprechendes Beschränkungsdossier vorgelegt [3].

5.2 Einstufung und Kennzeichnung

Einstufung und Kennzeichnung nach Gefahrstoffrecht

Formaldehyd ist wegen seiner gesundheitsgefährdenden Eigenschaften als gefährlich eingestuft und muss entsprechend verpackt und gekennzeichnet werden, wenn der Stoff als solcher oder in Gemischen in den Verkehr gebracht wird. Die Vorschriften der CLP-Verordnung [40] sind zu beachten. Da der Stoff in Anhang VI Teil 3 der CLP-Verordnung genannt ist, unterliegt er der harmonisierten Einstufung und Kennzeichnung (siehe Tabelle 6). Hersteller und Importeure, die den Stoff einstufen, müssen die dort angegebene Einstufung für die genannten Gefahrenklassen übernehmen. Fehlende Gefahrenklassen und Gefahrenklassen, die mit * gekennzeichnet sind, müssen ergänzt werden, wenn Daten vorliegen, die eine strengere Einstufung erfordern. Zurzeit liegen zusätzliche Hersteller-Einstufungen vor, nach denen Lebensgefahr beim Einatmen besteht (Akut Tox. 2, H330) und schwere Augenschäden (Augenschäd. 1, H318) verursacht werden können.

Wässrige Lösungen, die Methanol als Stabilisator enthalten, müssen darüber hinaus auch hinsichtlich ihrer entzündbaren Eigenschaften und der spezifischen Zielorgantoxizität beurteilt werden. Lösungen mit mindestens

3 % Methanol sind als spezifisch zielorgantoxisch bei einmaliger Exposition einzustufen und mit H371 (bei Methanolkonzentrationen von 3 bis < 10 %) bzw. H370 (bei Methanolkonzentration ≥ 10 %) zu kennzeichnen.

Tabelle 6: Harmonisierte Einstufung und Kennzeichnung nach CLP-Verordnung Anhang VI Teil 3

Einstufung (Gefahrenklasse und -kategorie)	Karz. 1B, H350 Muta. 2, H341 Akut Tox. 3*, H301 Akut Tox. 3*, H311 Akut Tox. 3*, H331 Hautätz. 1B, H314 Sens. Haut 1, H317 *) Mindesteinstufung
Piktogramme	
Signalwort	Gefahr
H-Sätze	H350 Kann Krebs erzeugen. H341 Kann vermutlich genetische Defekte verursachen. H301+H311+H331 Giftig bei Verschlucken, Hautkontakt oder Einatmen. H314 Verursacht schwere Verätzungen der Haut und schwere Augenschäden. H317 Kann allergische Hautreaktionen verursachen.
Spezifische Konzentrationsgrenzen	Hautätz. 1B; H314: Konz. ≥ 25 % Hautreiz. 2; H315: 5 % ≤ Konz. < 25 % Augenreiz. 2; H319: 5 % ≤ Konz. < 25 % STOT einm. 3; H335: Konz. ≥ 5 % Sens. Haut 1; H317: Konz. ≥ 0,2 %
Anmerkungen	B: Konzentration des Stoffes, wie er in den Verkehr gebracht wird, ist anzugeben D: Hinweis, wenn der Stoff in nicht stabilisierter Form in den Verkehr gebracht wird

Die Einstufung als karzinogen in die Kategorie 1B wurde lange Zeit kontrovers diskutiert (s. auch Abschnitt 3.7, S. 29f). 2011 hatte Frankreich der europäischen Chemikalienbehörde ECHA eine Neueinstufung in die Kategorie 1A (Stoffe, die *bekanntermaßen* beim Menschen karzinogen sind) vorgeschlagen. Nach einer öffentlichen Konsultation gab das Risk Assessment Committee (RAC) der ECHA im Dezember 2012 in einer Stellungnahme [41] bekannt, dass es dem französischen Vorschlag nicht zustimmt, aber eine Einstufung in die Kategorie 1B (Stoffe, die *wahrscheinlich* beim Menschen karzinogen sind) vorschlägt. Darüber hinaus sollte Formaldehyd in die Gefahrenklasse Keimzellmutagene Kategorie 2 (Kann vermutlich genetische Defekte verursachen) eingestuft werden. 2014 folgte die Europäische Kommission dem RAC-Vorschlag und stufte Formaldehyd als karzinogen Kategorie 1B und keimzellmutagen in die Kategorie 2 ein [32]. Die Einstufung als karzinogen Kategorie 1B hat weitreichende rechtliche Folgen.

Auch zur harmonisierten Einstufung von Formaldehyd-abspaltenden Verbindungen liegt ein Vorschlag der RAC vor. Danach sind auch sie zusätzlich zu den substanzspezifischen Gefahrenklassen als krebserzeugend Kategorie 1B und hautsensibilisierend Kategorie 1 einzustufen. Mit der 10. Änderung der CLP-Verordnung [42] wird die Einstufung hinsichtlich der krebserzeugenden Wirkung auf Stoffe und Gemische beschränkt, die freisetzbares Formaldehyd in einer Konzentration von 0,1 % oder mehr enthalten. Stoffe und Gemische mit einer freisetzbaren Formaldehyd-Konzentration von 1 % und mehr, werden als mutagen Kategorie 2 eingestuft.

Einstufung und Kennzeichnung nach Gefahrgutrecht

Aufgrund ihrer ätzenden und ggfs. entzündbaren Eigenschaften sind wässrige Formaldehyd-Lösungen gefahrgutrechtlich für Transportzwecke einzustufen und zu kennzeichnen (s. Tabelle 7). Die Einstufung hängt vom Flammpunkt und der Konzentration der Lösung ab. Lösungen, die aufgrund ihres Methanol-Gehalts einen Flammpunkt von 60 °C oder weniger haben, sind der UN-Nummer 1198 und der Gefahrenklasse 3 zuzuordnen. Lösungen mit einem Flammpunkt über 60 °C fallen bei Formaldehyd-Konzentrationen über 25 % unter die UN-Nummer 2209 und sind der Gefahrenklasse 8 zuzuordnen. Nicht entzündbare Lösungen mit Formaldehyd-Konzentrationen unter 25 % und einem Flammpunkt > 60 °C unterliegen nicht den Vorschriften des ADR. Bei Konzentrationen von 10 % und mehr, aber weniger als 25 % unterliegen sie jedoch unter der UN-Nummer 3334 den für die Luftfahrt geltenden Vorschriften.

Tabelle 7: Transport-Klassifizierung nach ADR

	UN-Nummer 1198	UN-Nummer 2209
Identifikation	Lösung, entzündbar 23 °C ≤ Flp. ≤ 60 °C	wässrige Lösung Konz. ≥ 25 %, Flp. > 60 °C
Bezeichnung	FORMALDEHYD-LÖSUNG, ENTZÜNDBAR	FORMALDEHYDLÖSUNG
Klasse	3 (Entzündbare flüssige Stoffe)	8 (Ätzende Stoffe)
Gefahrzettel	3 + 8	8
Verpackungsgruppe	III (geringe Gefährlichkeit)	III (geringe Gefährlichkeit)
Klassifizierungscode	FC	C9
Gefahrnummer	38	80
Beförderungs-kategorie	3	3

Zusätzliche Kennzeichnungsvorschriften

Zusätzliche Kennzeichnungsvorschriften sind gemäß der Bedarfsgegenständeverordnung und der europäischen Kosmetikverordnung für Erzeugnisse, die Formaldehyd freisetzen, zu beachten (s. auch Kap. 1.5 Abschnitte Textilien sowie Kosmetische Mittel, Wasch- und Reinigungsmittel, S. 18 f.).

Die in der Tabelle 8 genannten Bedarfsgegenstände dürfen gewerbsmäßig nur abgegeben werden, wenn die in der zweiten Tabellenspalte aufgeführten Angaben unverwischbar, deutlich sichtbar, leicht lesbar und in deutscher Sprache auf dem Gegenstand selbst, der Verpackung oder einem Etikett angebracht sind. Wasch- und Reinigungsmittel müssen bei einem Formaldehyd-Gehalt von 0,1 % und mehr gekennzeichnet werden.

Tabelle 8: Zusätzliche Kennzeichnung

Erzeugnis	Kennzeichnung/Warnhinweis
Bedarfsgegenständeverordnung § 10 Abs. 3 in Verbindung mit Anlage 9	
Textilien mit einem Massengehalt von mehr als 0,15 % an freiem Formaldehyd, die beim bestimmungsgemäßen Gebrauch mit der Haut in Berührung kommen und mit einer Ausrüstung versehen sind	„Enthält Formaldehyd. Es wird empfohlen, das Kleidungsstück zur besseren Hautverträglichkeit vor dem ersten Tragen zu waschen."
Reinigungs- und Pflegemittel, die für den häuslichen Bedarf bestimmt sind, mit einem Massengehalt von mehr als 0,1 % Formaldehyd	„Enthält Formaldehyd."
Verordnung (EG) Nr. 1223/2009 über kosmetische Mittel, Anhang V	
Endprodukte, die Formaldehyd oder Stoffe des Anhangs V enthalten und die Formaldehyd abspalten, sofern die Formaldehyd-Konzentration im Endprodukt 0,05 % überschreitet	„Enthält Formaldehyd."
REACH-Verordnung, Anhang XVII Nr. 28	
Formaldehyd als Stoff, als Bestandteil anderer Stoffe oder in Gemischen, wenn die Einzelkonzentration 0,1 % oder mehr beträgt, beim Inverkehrbringen für gewerbliche Anwender	„Nur für gewerbliche Anwender."

Für Kosmetika besteht eine Deklarationspflicht ab einem Gehalt an freiem Formaldehyd von über 0,05 %, wobei die in Tabelle 9 angegebenen Höchstkonzentrationen zu berücksichtigen sind.

Da Formaldehyd in der Verordnung (EU) Nr. 605/2014 [32] als krebserzeugend Kategorie 1B eingestuft wurde, wurde es in den Anhang XVII der REACH-Verordnung *„Beschränkungen der Herstellung, des Inverkehrbringens und der Verwendung bestimmter gefährlicher Stoffe, Gemische und Erzeugnisse"* als Eintrag 28 aufgenommen. Danach darf Formaldehyd weder als Stoff noch als Bestandteil anderer Stoffe oder in Gemischen, die zum Verkauf an die breite Öffentlichkeit bestimmt sind, in den Verkehr gebracht werden, wenn die Einzelkonzentration des Stoffs oder des

Gemischs 0,01 % oder mehr beträgt. Wird es zu gewerblichen Zwecken in den Verkehr gebracht, muss die Verpackung zusätzlich zu der Gefahrstoffkennzeichnung mit der Aufschrift „Nur für gewerbliche Anwender" versehen werden (s. Tabelle 8).

5.3 Beschränkungen

Sowohl das Inverkehrbringen und die Verwendung als auch Tätigkeiten mit Formaldehyd unterliegen Beschränkungen. Einen Überblick über die bestehenden Beschränkungen geben die nachstehenden Tabellen 9 und 10.

Tabelle 9: Verwendungsbeschränkungen

Stoff, Gemisch, Erzeugnis	Verbot/Beschränkung
REACH Anhang XVII Nr. 3	
Formaldehyd in Dekorationsgegenständen, Spielen und Scherzspielen	Inverkehrbringen und Verwendung nicht zugelassen
REACH Anhang XVII Nr. 28	
Formaldehyd als Stoff, als Bestandteil anderer Stoffe oder in Gemischen, die zum Verkauf an die breite Öffentlichkeit bestimmt sind, wenn die Einzelkonzentration 0,1 % oder mehr beträgt	Inverkehrbringen und Verwendung nicht zugelassen
REACH Anhang XVII Nr. 72	
Formaldehyd in – Kleidung oder damit in Bezug stehendem Zubehör, – anderen Textilien, die bei normaler oder vernünftiger vorhersehbarer Verwendung in einem ähnlichen Maße wie Kleidung mit der menschlichen Haut in Berührung kommt, – Schuhwaren, wenn die Produkte für die Nutzung durch Verbraucher vorgesehen sind und Formaldehyd in einer in homogenem Material gemessenen Konzentration von 75 mg/kg oder mehr vorhanden ist.	Inverkehrbringen verboten ab 1.11.2020 Abweichend gilt für Formaldehyd in Jacken, Mänteln und Polsterungen im Zeitraum vom 1.11.2020 bis 1.11.2023 eine Höchstkonzentration von 300 mg/kg.

Tabelle 9: Verwendungsbeschränkungen *(Forts.)*

Stoff, Gemisch, Erzeugnis	**Verbot/Beschränkung**
Chemikalienverbotsverordnung § 3 und Anlage 1, Eintrag 1	
(1) Beschichtete und unbeschichtete Holzwerkstoffe (Spanplatten, Tischlerplatten, Furnierplatten und Faserplatten), wenn die durch den Holzwerkstoff verursachte Ausgleichskonzentration des Formaldehyds in der Luft eines Prüfraums 0,1 ml/m³ (ppm) überschreitet. (2) Möbel, die Holzwerkstoffe enthalten, die nicht den Anforderungen nach Absatz 1 entsprechen. (3) Wasch-, Reinigungs- und Pflegemittel mit einem Massengehalt von mehr als 0,2% Formaldehyd	Verbot des Inverkehrbringens
Bedarfsgegenständeverordnung § 3 und Anlage 1 Nr. 5	
Formaldehyd beim Herstellen oder Behandeln von Scherzspielen	Verwendung verboten
Verordnung (EG) Nr. 1223/2009 über kosmetische Mittel, Anhang III	
Formaldehyd als Wirkstoff in Nagelhärter: Höchstkonzentration von 5 % als Formaldehyd in der gebrauchsfertigen Zubereitung	Verwendung eingeschränkt
Verordnung (EG) Nr. 1223/2009 über kosmetische Mittel, Anhang V	
Endprodukte, die Formaldehyd oder Stoffe des Anhangs V enthalten und die Formaldehyd abspalten, sofern die Formaldehyd-Konzentration im Endprodukt 0,05 % überschreitet	Kennzeichnung siehe Tabelle 8
Mundmittel: Höchstkonzentration von 0,1 % ungebundenem Formaldehyd in der gebrauchsfertigen Zubereitung	Verwendung eingeschränkt
Sonstige Mittel: Höchstkonzentration von 0,2 % ungebundenem Formaldehyd in der gebrauchsfertigen Zubereitung	Verwendung eingeschränkt

Tabelle 10: Beschäftigungsbeschränkungen

Stoff, Gemisch, Erzeugnis	Beschränkung
Gefahrstoffverordnung Anhang I Nr. 4	
Formaldehyd-Lösungen, einschließlich Stoffen oder Gemischen, aus denen sich Formaldehyd entwickelt oder verdampft, oder bei denen Formaldehyd sich gasförmig oder in Form schwebefähiger Flüssigkeitströpfchen verteilt	Begasungstätigkeiten bei Raumdesinfektionen nur unter Beachtung der Vorschriften in Anhang I Nr. 4 s. auch TRGS 522 Raumdesinfektion mit Formaldehyd [43]
Mutterschutzgesetz § 11	
als karzinogen Kategorie 1A oder 1B eingestufte Stoffe	Tätigkeitsbeschränkungen für schwangere Frauen
Jugendarbeitsschutzgesetz § 22	
Gefahrstoffe	Beschäftigungsbeschränkungen für Jugendliche unter 18 Jahren
Richtlinie zur Sicherheit im Unterricht (RiSU), Empfehlung der Kultusministerkonferenz, Stand: 26.02.2016	
als karzinogen Kategorie 1A oder 1B eingestufte Stoffe	Verwendung an Schulen grundsätzlich verboten (allgemeines Verwendungsverbot für Lehrer/innen, Schüler/innen und sonstige Beschäftigte)

5.4 Grenzwerte im Arbeitsschutz

Ein Arbeitsplatzgrenzwert oder MAK-Wert wird für einen Stoff nur dann vergeben, wenn akute oder chronische schädliche Wirkungen auf die Gesundheit bei Konzentrationen unterhalb des Grenzwertes nicht zu erwarten sind. Für krebserzeugende Stoffe gibt es in der Regel keine Schwelle, unterhalb derer sich ein Krebsrisiko sicher ausschließen lässt. Formaldehyd bildet hier eine Ausnahme (siehe Kap. 3.7 S. 29), wie schon die MAK-Werte-Kommission feststellte, als sie Formaldehyd 2004 als krebserzeugend in die Kategorie 4 (Stoffe, für die bei Einhaltung des MAK-Wertes kein Beitrag zum Krebsrisikos für den Menschen zu erwarten ist) einstufte und einen MAK-Wert für Formaldehyd festsetzte (siehe Tabelle 11). Dieser Sichtweise schloss sich 2014 der Ausschuss für Gefahrstoffe an und übernahm den MAK-Wert im März 2015 als Arbeitsplatzgrenzwert in die TRGS 900.

MAK-Werte in der gleichen Höhe gelten in Österreich und der Schweiz.

Auch die Europäische Kommission [44] plant, einen Arbeitsplatzgrenzwert für Formaldehyd in die Richtlinie 2004/37/EG über Karzinogene und Mutagene aufzunehmen. Für Formaldehyd wurden ein 8-Stunden-Mittelwert von 0,3 ml/m^3 und 0,37 mg/m^3 sowie ein Kurzzeitwert von 0,6 ml/m^3 und 0,738 mg/m^3 vorgeschlagen. Ferner soll ein Hinweis auf die Sensibilisierung der Haut zugewiesen werden, wie er auch in der TRGS 900 enthalten ist.

In der TRGS 900 ist Formaldehyd mit der Bemerkung „Y“ aufgeführt, was bedeutet, dass ein Risiko der Fruchtschädigung bei Einhaltung des AGW nicht befürchtet zu werden braucht. Unter diesen Umständen ist eine „unverantwortbare Gefährdung“ im Sinne des Mutterschutzgesetzes (siehe Tabelle 10) auszuschließen, und eine schwangere Frau darf bei Einhaltung der arbeitsplatzbezogenen Vorgaben Tätigkeiten mit Formaldehyd ausüben. Wenn aber bei bestimmten Tätigkeiten eine zusätzliche Aufnahme über die Haut nicht ausgeschlossen werden kann, sollten Schwangere vorsorglich nicht mit Formaldehyd-haltigen oder Formaldehyd-abspaltenden Produkten umgehen.

Von REACH wird im Rahmen der Registrierungsdossiers die Angabe von DNEL (Derived No-Effect Level) gefordert. Das sind Schwellenwerte, die

Tabelle 11: Grenzwerte im Arbeitsschutz

Grenzwert	Bemerkungen
TRGS 900 [46]	
AGW: 0,3 ml/m³ (ppm), 0,37 mg/m³ KZW: 0,6 ml/m³, 0,74 mg/m³	Gefahr der Sensibilisierung der Haut. Krebserzeugender Gefahrstoff der Kategorie 1B – es ist zusätzlich § 10 GefStoffV zu beachten. Ein Risiko der Fruchtschädigung braucht bei Einhaltung des AGW nicht befürchtet zu werden.
MAK- und BAT-Werte-Liste 2018 [47]	
MAK: 0,3 ml/m³ (ppm), 0,37 mg/m³ KZW: 0,6 ml/m³, 0,74 mg/m³ Ein Momentanwert von 1 ml/m³ entsprechend 1,2 mg/m³ sollte nicht überschritten werden.	Bei Mischexposition ist darauf zu achten, dass keine Reizwirkung auftritt. Gefahr der Sensibilisierung der Haut. Krebserzeugend Kat. 4 Keimzellmutagen Kat. 5 Ein Risiko der Fruchtschädigung braucht bei Einhaltung des MAK-Wertes nicht befürchtet zu werden.
Scientific Committee on Occupational Exposure Limits (SCOEL) [44]	
OEL: 0,3 ml/m³ (ppm), 0,369 mg/m³ STEL: 0,6 ml/m³ (ppm); 0,738 mg/m³	Karzinogen Gruppe C (genotoxische Karzinogene mit Wirkschwelle)
ECHA [48]	
DNEL: 0,375 mg/m³ für Arbeitnehmer (0,1 mg/m³ für Allgemeinbevölkerung)	Langzeitexposition – Inhalation – lokale Wirkungen
DNEL: 9 mg/m³ für Arbeitnehmer (3,2 mg/m³ für Allgemeinbevölkerung)	Langzeitexposition – Inhalation – systemische Wirkungen

Abkürzungen:

AGW Arbeitsplatzgrenzwert (als 8-h-Mittelwert)
DNEL Derived No-Effect Level
MAK Maximale Arbeitsplatzkonzentration (als 8-h-Mittelwert)
OEL Occupational Exposure Limit Value (als 8-h-Mittelwert)
STEL Short-Term Exposure Limit

von den Herstellern und Importeuren festzulegen sind. Der DNEL gibt die Konzentration an, oberhalb derer Menschen einem Stoff aus gesundheitlichen Gründen nicht ausgesetzt sein sollten. Er berechnet sich aus dem niedrigsten validen Wirkwert in Kombination mit bestimmten Sicherheitsfaktoren. Da für jede relevante Bevölkerungsgruppe (z. B. Arbeitnehmer, Verbraucher, Kinder, Schwangere) ein eigener Wert erforderlich ist, gibt es für einen Stoff u. U. mehrere DNEL-Arten. Für Arbeitnehmer festgesetzte DNEL werden bei der Gefährdungsbeurteilung herangezogen, um die zu treffenden Schutzmaßnahmen festzulegen und deren Wirksamkeit zu überprüfen. Die von den Registranten abgeleiteten DNEL werden auf der Internetseite der ECHA [48] veröffentlicht; eine Zusammenfassung der arbeitsplatzbezogenen Werte steht mit der GESTIS-DNEL-Liste zur Verfügung [45].

5.5 Weitere Vorschriften

Einstufung wassergefährdender Stoffe

Formaldehyd ist nach der Anlagenverordnung (AwSV, Verordnung über Anlagen zum Umgang mit wassergefährdenden Stoffen) mit der laufenden Nr. 112 als „stark wassergefährdend“ in die Wassergefährdungsklasse 3 eingestuft. Die Einstufung in eine Wassergefährdungsklasse zieht nach dem Wasserrecht Anforderungen hinsichtlich der Lagerhaltung und anderer Arten des Umgangs mit dem Stoff nach sich. Die bundesweit einheitliche Einstufung ist aus der online Datenbank des Umweltbundesamtes [49] abrufbar:

Stoff-Nr.: 112
WGK 2 – stark wassergefährdend

In der Schweiz werden wassergefährdende Flüssigkeiten in zwei Gefährdungsklassen A und B einteilt. Formaldehyd wird der Klasse A zugeordnet, gilt also als Stoff, der schon in kleinen Mengen das Wasser verunreinigt [50]. Abhängig von der Menge sind an die Klassifizierung Bewilligungs- bzw. Meldepflichten geknüpft.

Technische Anleitung zur Reinhaltung der Luft (TA Luft)

Bis zu seiner Neueinstufung als karzinogener Stoff der Kategorie 1B war Formaldehyd nach der derzeit geltenden TA Luft 2002 als organischer Stoff der Klasse I nach Nr. 5.2.5 einzuordnen. Für einzelne Anlagenarten waren in Nr. 5.4 der TA Luft abweichende Emissionsbegrenzungen zugelassen.

Diese Einstufung ist seit der Neueinstufung durch die EU 2014 nicht mehr aktuell: Als karzinogen Kategorie 1B eingestufter Stoff wäre Formaldehyd einer von drei Klassen mit unterschiedlichen Emissionsanforderungen nach Nr. 5.2.7.1.1 der TA Luft zuzuordnen. Formaldehyd ist jedoch auch hier als Sonderfall zu betrachten, da für ihn eine für Karzinogene untypische Wirkschwelle angenommen werden kann. Deshalb kann Formaldehyd keiner der Klassen der Nr. 5.2.7.1.1 zugeordnet werden. Seit Januar 2016 wird die Vollzugsempfehlung „Formaldehyd" der Bund/Länder-Arbeitsgemeinschaft für Immissionsschutz (LAI) [51] vom 9.12.2015 im Vollzug bei Genehmigungsverfahren zugrunde gelegt. Danach wird für Formaldehyd aufgrund der vermuteten Wirkschwelle und der nachgewiesenen Wirkungsstärke ein eigenständiger Emissionswert festgelegt.

Nach der Vollzugsempfehlung der LAI dürfen die Emissionen an Formaldehyd im Abgas

- den Massenstrom 12,5 g/h

oder

- die Massenkonzentration 5 mg/m^3

nicht überschreiten.

Für bestimmte Anlagen können abweichende Regelungen getroffen werden, wenn diese Emissionswerte nicht mit verhältnismäßigem Aufwand eingehalten werden können. Das grundsätzlich nach der TA Luft geltende Minimierungsgebot bleibt davon unberührt.

Die LAI-Empfehlungen sollen entsprechend dem Entwurf zur Neufassung der TA Luft [52] weitestgehend in die neue TA Luft übernommen werden.

Störfallverordnung

Anlagen und Betriebsbereiche, in denen Formaldehyd (≥ 90 Gew.-%) in bestimmten Mengen vorhanden ist, fallen unter die Störfallverordnung. Werden die in der Stoffliste zum Anhang I Nr. 2.22 genannten Mengenschwellen von 5 000 kg für Betriebe der unteren Klasse bzw. 50 000 kg für Betriebe der oberen Klasse erreicht oder überschritten, werden bestimmte Pflichten ausgelöst.

Anhang I Nr. 2.22 Formaldehyd (≥ 90 Gew.-%)

- Mengenschwelle untere Klasse: 5 t
- Mengenschwelle obere Klasse: 50 t

6 Handhabung, Lagerung und Entsorgung

Bei Tätigkeiten mit Formaldehyd sind die Vorschriften der Gefahrstoffverordnung (GefStoffV) einschließlich der dazu gehörigen Anhänge und der geltenden Arbeitsschutz- und Unfallverhütungsvorschriften zu beachten. Nach § 6 der GefStoffV ist der Arbeitgeber verpflichtet, vor Aufnahme der Tätigkeit eine Gefährdungsbeurteilung zu erstellen und eine Ersatzstoffprüfung durchzuführen. Fällt die Ersatzstoffprüfung negativ aus, so müssen zum Schutz der menschlichen Gesundheit und der Umwelt technische und organisatorische Maßnahmen getroffen sowie persönliche Schutzmaßnahmen angeordnet werden. Die Maßnahmen sind auf das Ausmaß der Gefährdung abzustimmen.

Für bestimmte Anwendungen wie z. B. Begasungen und Desinfektionen mit Formaldehyd sind darüber hinaus spezielle Regelungen nach § 8 (8) bzw. Anhang I Nr. 4 GefStoffV und nach den TRGS 513 und TRGS 522 zu beachten.

6.1 Technische Maßnahmen

- räumliche Abtrennung der Arbeitsbereiche
- gute Be- und Entlüftung des Arbeitsraums
- gute Lüftung im Bodenbereich, da die Formaldehyd-Dämpfe schwerer als Luft sind
- lösemittelbeständiger Fußboden, möglichst ohne Bodenabfluss
- Waschgelegenheit am Arbeitsplatz
- getrennte Aufbewahrungsmöglichkeit für Straßen- und Arbeitskleidung
- Augenbrausen
- Notbrausen beim Umgang mit größeren Mengen

6.2 Apparaturen

- geschlossene Apparaturen
- Anwendung des Gaspendelverfahrens beim Befüllen und Entleeren von Apparaturen
- Lokalabsaugung an der Eingabe- und Entnahmestelle
- Sicherheitseinrichtungen wie Sicherheitsventile, Berstscheiben, Überströmventile, Ausdehnungsbehälter, wenn Formaldehyd so eingeschlossen werden kann, dass durch Wärmeentwicklung ein gefährlicher Druck entsteht
- Spritzschutz für Flanschverbindungen
- Maßnahmen gegen elektrostatische Aufladung bei Formaldehyd-Konzentrationen ≥ 25 %
- Abluftführung über geeignete Abscheider ins Freie unter Beachtung der Emissionsgrenzwerte
- Kennzeichnung von Behältern und Leitungen
- Apparaturen und Behälter aus Glas, Edelstahl, Aluminium (bis 60 °C), Polyethylen, glasfaserverstärktes Polyester, Behälter aus Normalstahl mit einem korrosionsbeständigen Innenanstrich. Ungeeignet sind Apparaturen und Behälter aus Stahl, Kupfer, Nickel und Zinklegierungen, wenn die Oberflächen nicht geschützt sind.

6.3 Brand- und Explosionsschutz

- explosionsgefährdeter Bereich
- Rauchen, Umgang mit offenem Feuer und Licht verboten
- elektrische Anlagen in explosionsgeschützter Ausführung
- Schweißverbot
- Arbeiten an Behältern und Leitungen nur nach Freispülen und Inertisieren
- Verhindern, dass Gase und Dämpfe (schwerer als Luft!) in andere Räume gelangen können, in denen Zündquellen vorhanden sind
- Bereitstellung von Feuerlöscheinrichtungen
- Geeignete Löschmittel: Wasser im Sprühstrahl, Schaum; Pulverlöscher nur für kleinere Brände

- Bei Brand umliegende Gebinde und Behälter mit Sprühwasser kühlen, wenn möglich aus der Gefahrenzone bringen. Auf Rückzündung achten. Eindringen in die Kanalisation vermeiden (Explosionsgefahr).

6.4 Organisatorische Maßnahmen

- Überwachung des Arbeitsplatzgrenzwertes
- Erstellung einer arbeitsbereichs- und stoffbezogenen Betriebsanweisung
- Aufstellung eines Flucht- und Rettungsplans
- Unterweisung der Arbeitnehmer, die mit Formaldehyd umgehen
- Formaldehyd-Menge am Arbeitsplatz so gering wie möglich
- Zahl der Arbeitnehmer in den betroffenen Arbeitsbereichen so gering wie möglich, Zutrittsverbote
- keine Personen mit Formaldehyd beschäftigen, die auf Formaldehyd allergisch reagieren
- Instandhaltungsarbeiten und Arbeiten in Behältern und engen Räumen nur mit schriftlicher Erlaubnis
- Beschäftigungsbeschränkungen für Jugendliche und werdende Mütter beachten

6.5 Handhabung

- auf Sauberkeit am Arbeitsplatz achten, tägliche Reinigung
- Gefäße nicht offen stehen lassen
- Ab- und Umfüllen nicht in Lagerräumen vornehmen
- nicht mit Druckluft fördern
- Verspritzen vermeiden
- nur in gekennzeichnete Gebinde abfüllen
- für den Transport in zerbrechlichen Gefäßen geeignete Überbehälter benutzen

6.6 Persönliche Schutzmaßnahmen

- Atemschutz: Filtergerät mit Mehrbereichsfilter ABEK, Kennfarbe braun-grau-gelb-grün
  Isoliergerät bei längerem Aufenthalt in formaldehydhaltiger Atmosphäre, bei höheren Konzentrationen in der Umgebungsluft, bei unklaren Bedingungen und nach Gasausbrüchen
- Augenschutz: Gestellbrille mit Seitenschutz nur für Überwachungstätigkeiten in Betrieb und Labor
  Korbbrille bei allen Arbeiten mit Formaldehyd, evtl. Schutzschirm oder Vollmaske
- Körperschutz: dichte, lange Schürze und Stiefel oder Chemikalienschutzanzug je nach Gefährdung
- Handschutz: Schutzhandschuhe aus geeignetem Material (Herstellerangaben berücksichtigen)
- Hautschutz: vorbeugender Hautschutz erforderlich
  Vor Pausen und bei Arbeitsende: Reinigung mit Wasser und Seife.
- Hygiene: Hautreinigung nach Substanzkontakt
  Verunreinigte Arbeitskleidung ausziehen und gründlich reinigen.
  Straßen- und Arbeitskleidung getrennt aufbewahren.
  Am Arbeitsplatz nicht essen, trinken und rauchen.
  Lebensmittel so aufbewahren, dass sie nicht mit Formaldehyd in Berührung kommen.

6.7 Lagerung

- unter Verschluss und nur für fachkundige und zuverlässige Personen zugänglich aufbewahren
- möglichst im Originalbehälter aufbewahren
- Behälter eindeutig und dauerhaft kennzeichnen
- Behälter dicht verschlossen halten
- Behälter an einen gut belüfteten Ort aufbewahren
- Beachtung der vom Hersteller angegebenen Mindestlagertemperaturen, die von der Konzentration der Formaldehyd-Lösung abhängen (bei Unterschreitung fällt Paraformaldehyd aus)

- TRGS 510 beachten bei Lagerung von mehr als 50 kg
- Zusammenlagerung:
  Lagerklasse 6.1 C (Brennbare akut toxische oder chronisch wirkende Stoffe)
  Möglichst nur mit Stoffen der gleichen Lagerklasse zusammenlagern. Die Zusammenlagerung mit Stoffen der Lagerklassen 6.2 (Ansteckungsgefährliche Stoffe) und 7 (Radioaktive Stoffe) ist verboten.

6.8 Entsorgung

Abfälle und Rückstände, die Formaldehyd und Paraformaldehyd enthalten, sind als „gefährlicher Abfall" zu entsorgen. Eine Entsorgung über den Hausmüll oder das Abwasser ist grundsätzlich verboten.

Kleine Mengen können mit einer konzentrierten wässrigen Natriumhydrogensulfit-Lösung zu den Bisulfit-Addukten umgesetzt werden. Die Reaktionsprodukte werden in einem Sammelbehälter für halogenfreie organische Lösemittel gesammelt und der Entsorgung zugeführt.

Kleinere Mengen ausgelaufener Formaldehyd-Lösungen werden mit einem flüssigkeitsbindendem Material (Sand, Kieselgur) aufgenommen, in gekennzeichnete, gut verschließbare Behälter gefüllt und der Entsorgung zugeführt.

7 Literatur/Links

[1] Nabert/Schön/Redeker, Sicherheitstechnische Kenngrößen brennbarer Gase und Dämpfe, Deutscher Eichverlag, 3. Aufl. 2004

[2] Roth, L., Weller, U., Gefährliche chemische Reaktionen, CD-ROM und online, ecomed-Storck Verlag, Landsberg

[3] ECHA, Annex XV Restriction Report, 11.01.2019 (https://echa.europa.eu/documents/10162/941885df-a907-6f54-9960-d542b67e425a)

[4] Wiedmann, T., Kersten, J., Ballschmiter, K., Art und Menge von stofflichen Emissionen aus dem Verkehrsbereich, Akademie für Technikfolgenabschätzung in Baden-Württemberg, Mai 2004

[5] Hauptmann M., Straif K., Pesch B. in: Handbuch der Umweltmedizin; Wichmann H.-E., Schlipköter H.-W., Füllgraff G., Eds.; ecomed-Storck Verlag, Landsberg, Vol. 3, Kap. VI–4 (von 2006)

[6] RÖMPP Lexikon Chemie, RÖMPP Online, Georg Thieme Verlag, Stuttgart, Stand Februar 2019

[7] Schulte A., Bernauer U. et al. (2006) Assessment of the carcinogenicity of formaldehyde. BfR Wissenschaft 02/2006. Bundesinstitut für Risikobewertung, Berlin

[8] https://www.umweltbundesamt.de/sites/default/files/medien/360/dokumente/fa_rw.pdf

[9] Schulz, C. et al., Kinder-Umwelt-Survey (KUS) 2003/06: Innenraumluft – Flüchtige organische Verbindungen in der Innenraumluft in Haushalten mit Kindern in Deutschland, Umwelt & Gesundheit Nr. 03/2010, Umweltbundesamt
(https://www.umweltbundesamt.de/uba-info-medien/4011.html)

[10] Salthammer, T., Mentese S., Marutzky, R., Formaldehyde in the Indoor Environment, Chem Rev. 14.04.2010, veröffentlicht am 12.01.2010 (https://ncbi.nlm.nih.gov/pmc/articles/PMC2855181/#ref7)

[11] Angaben entnommen der Internetseite des Schweizer Bundesamtes für Gesundheit (www.bag.admin.ch) am 04.02.2019

[12] Stellungnahme Nr. 034/2016 des BfR vom 29.11.2016 (https://mobil.bfr.bund.de/cm/343/auch-tabakfreie-wasserpfeifen-koennen-die-gesundheit-gefaehrden.pdf)

[13] Richtlinie über die Klassifizierung und Überwachung von Holzwerkstoffplatten bezüglich der Formaldehydabgabe (DIBt-Richtlinie 100), Fassung Juni 1994

[14] Stellungnahme Nr. 005/2008 des BfR vom 13.11.2007 (https://mobil.bfr.bund.de/cm/343/bfr_schlaegt_die_ueberpruefung_des_grenzwertes_der_din_norm_fuer_die_formaldehydausgasung_aus_holzspielzeug_vor.pdf)

[15] Richtlinie 2009/48/EG (ABl. L 170 vom 30.06.2009, S. 1), zuletzt geändert durch die Richtlinie (EU) Nr. 2018/725 vom 16.05.2018 (ABl. L 122 S. 29)

[16] Stellungnahme Nr. 012/2011 des BfR vom 09.03.2011 (https://mobil.bfr.bund.de/cm/343/freisetzung_von_melamin_und_formaldehyd_aus_geschirr_und_kuechenutensilien.pdf)

[17] Verordnung (EU) 2018/1513 (ABl. L 256 vom 12.10.2018, S. 1)

[18] Bedarfsgegenständeverordnung vom 10.04.1992 (BGBl. I 1992, S. 866) in der Fassung der Bekanntmachung vom 23.12.1997 (BGBl. I 1998, S. 5), zuletzt geändert durch Art. 2 Abs. 1 des Gesetzes vom 15.02.2016 (BGBl. I S. 198)

[19] Stellungnahme Nr. 045/2010 des BfR vom 17.11.2010 (https://www.bfr.bund.de/cm/343/formaldehyd_in_haarglaettungsmitteln.pdf)

[20] Verordnung (EG) Nr. 1223/2009 über kosmetische Mittel (ABl. L 342 vom 22.12.2009, S. 59), zuletzt geändert durch Verordnung (EU) Nr. 2018/1847 (ABl. L 300 vom 27.11.2018, S. 1)

[21] Euler, U., Kersten, N, Grötzschel, St., Berufliche Formaldehydexposition und Nasopharynxkarzinom, Hrsg. Bundesanstalt für Arbeitsschtz und Arbeitsmedizin (BAuA), Dortmund/Berlin/Dresden 2009 (https://www.baua.de/DE/Angebote/Publikationen/Berichte/F2177.html)

[22] Verordnung (EU) Nr. 528/2012 (ABl. L 167 vom 27.06.2012, S. 1)

[23] Richtlinie 98/8/EG (ABl. L 123 vom 24.04.1998, S. 1)

[24] Stellungnahme des BgVV vom August 2001 (https://mobil.bfr.bund.de/cm/343/formaldehyd_in_shiitake_pilzen.pdf)

[25] Beschluss 2013/204/EU der Kommission vom 25. April 2013 über die Nichtaufnahme von Formaldehyd in Anhang I, IA oder IB der Richtlinie 98/8/EG des Europäischen Parlaments und des Rates über das Inverkehrbringen von Biozid-Produkten für die Produktart 20 (ABl. L 117 vom 27.4.2013, S. 18)

[26] https://echa.europa.eu/de/registration-dossier/-/registered-dossier/15858/1; dem Internet entnommen am 29.11.2018

[27] Gihr, R., Rippen, G., Ableitung eines vorläufigen Geringfügigkeitsschwellenwertes für Formaldehyd für den Pfad Boden – Grundwasser, Hessisches Landesamt für Umwelt und Geologie, Wiesbaden, 21.10.2011 (https://www.hlnug.de/fileadmin/dokumente/altlasten/GSF-Ableitung_Formaldehyd_Veroeffenlichung_20.4.2012.pdf)

[28] Hartwig, A. (Hrsg.): Gesundheitsschädliche Arbeitsstoffe – Toxikologisch-arbeitsmedizinische Begründung von MAK-Werten (Maximale Arbeitsplatz Konzentrationen). Wiley-VCH, Weinheim – Loseblattsammlung

[29] BASF Medizinische Leitlinien bei akuten Einwirkungen von chemischen Substanzen (www.basf.com)

[30] Senatskommission zur Prüfung gesundheitsschädlicher Arbeitsstoffe bei der Deutschen Forschungsgemeinschaft (DFG)

[31] Stellungnahme Nr. 023/2006 des BfR vom 30. März 2006 (https://mobil.bfr.bund.de/cm/343/toxikologische_bewertung_von_formaldehyd.pdf)

[32] Verordnung (EU) Nr. 605/2014 (6. Änderung der CLP-Verordnung) (ABl. L 167 vom 06.06.2014 S. 36)

[33] https://echa.europa.eu/documents/10162/b8dfa022-9544-72e8-dcaa-7491dff3c0d5

[34] Bekanntmachung des Umweltbundesamtes, Formaldehyd und Human-Biomonitoring, Bundesgesundhbl.-Gesundheitsforsch-Gesundheitsschutz 42 (19), 1999, S. 820

[35] Giftkommission beim BgVV: Informationen für Giftinformationszentren – Stoffkarte Formaldehyd, 1997

[36] Verordnung (EG) Nr. 1907/2006 (ABl. L 396 vom 30.12.2006 S. 1), zuletzt geändert durch Verordnung (EU) Nr. 2018/2005 (ABl. L 322 vom 18.12.2018 S. 14)

[37] https://echa.europa.eu/de/

[38] https://echa.europa.eu/de/information-on-chemicals/registered-substances

[39] https://echa.europa.eu/documents/10162/13641/annex_xv_report_formaldehyde_en.pdf/58be2f0a-7ca7-264d-a594-da5051a1c74b

[40] Verordnung (EG) Nr. 1272/2008 (ABl. L 353 vom 31.12.2008 S. 1), zuletzt geändert durch Verordnung (EU) Nr. 2018/1480 (ABl. L 251 vom 05.10.2018 S. 1)

[41] https://echa.europa.eu/de/view-article/-/journal_content/c89bdb13-09e9-497c-8e73-ddae13a842c8;jsessionid=7B29B630B775DB3DF699F825AB1DB409.live2

[42] Verordnung (EU) Nr. 2017/776 (10. Änderung der CLP-Verordnung) (ABl. L 116 vom 05.05.2017, S. 1)

[43] Technische Regel für Gefahrstoffe, im Internet abzurufen unter www.baua.de. Für Tätigkeiten an Sterilisatoren mit Ethylenoxid und Formaldehyd gilt die TRGS 513.

[44] Europäische Kommission, Pressemitteilung vom 5. April 2018 (http://europa.eu/rapid/press-release_IP-18-2662_de.htm?src=asp-cu&typ=dl&cid=6574

[45] https://www.dguv.de/ifa/gestis/gestis-dnel-liste/index.jsp

[46] Technische Regeln für Gefahrstoffe, TRGS 900 „Arbeitsplatzgrenzwerte" (Ausgabe: Januar 2006; Stand: 07.06.2018)

[47] Senatskommission zur Prüfung gesundheitsschädlicher Arbeitsstoffe bei der Deutschen Forschungsgemeinschaft (DFG), MAK- und BAT-Werte-Liste 2018, Mitteilung 54, Wiley-VCH

[48] https://echa.europa.eu/de/brief-profile/-/briefprofile/100.000.002

[49] https://webrigoletto.uba.de/rigoletto/public/welcome.do

[50] Bundesamt für Umwelt BAFU, Klassierung wassergefährdender Flüssigkeiten, Stand: 9.3.2009 (pdf)

[51] https://www.lai-immissionsschutz.de/documents/2015-12-09_vollzugsempfehlung_formaldehyd_1503573754.pdf

[52] https://www.bmu.de/fileadmin/Daten_BMU/Download_PDF/Glaeserne_Gesetze/19._Lp/ta_luft/entwurf/ta_luft_180716_refe_bf.pdf

8 Stichwortverzeichnis